PRAZER EM CONHECER-SE

Regina Maria Azevedo

PRAZER EM CONHECER-SE

Treinamento em Inteligência Emocional

Outras Palavras

Dados Internacionais de Catalogação na Publicação (CIP)
(Câmara Brasileira do Livro, SP, Brasil)

Azevedo, Regina
Prazer em conhecer-se : o que só você pode fazer por você mesmo para ser mais feliz / Regina Maria Azevedo. -- São Paulo : Outras Palavras : Alemdalenda, 1997.

Bibliografia.

1. Autoconhecimento 2. Conduta de vida 3. O eu 4. Felicidade 5. Meditação 6. Psicologia aplicada I. Título.

97-3642 CDD-158.1

Indices para catálogo sistemático:

1. Autoconhecimento : Felicidade : Psicologia aplicada 158.1
2. O eu : Desenvolvimento : Felicidade : Psicologia aplicada 158.1

Fotocomposição e projeto gráfico: Outras Palavras
Capa: criação de Alexandre Rampazo sobre *"O Espelho de Vênus"*, de Sir Edward Burne-Jones (1898 - Fundação Gulbenkian, Lisboa)
Foto da autora: Dino Benazzi

COLEÇÃO ALEMDALENDA
Série PRAZER EM CONHECER-SE

Outras Palavras Produções Editoriais e Comércio Ltda.
Rua Santo Egídio, 709, cj. 141
☎ / Fax: (0xx11) 6959-4823
CEP 02461-011 São Paulo SP
e-mail: reginama@uol.com.br

Índice

Agradecimentos

Sempre achei maravilhosos os agradecimentos em livros de autores americanos. Em geral, começam a lista interminável pela secretária que, com dedicação e carinho, datilografou os manuscritos; incluem até mesmo a moça que serviu um único cafezinho durante a elaboração do trabalho.

Eu mesma datilografei meus manuscritos, de maneira que não posso começar por aí... Mas, vou fundo de volta ao começo, agradecendo a meus pais, Adão e Elena, autênticos co-autores, pelos preciosos valores com os quais pautaram a minha vida; e a meus irmãos — Sonia, Ana, Fernando — companheiros de jornada, que respeitaram sempre todas as minhas extravagâncias;

A Luis Pellegrini, guru jornalístico, mentor intelectual desta obra ao sugerir que eu escrevesse sobre minhas próprias experiências;

À Equipe Planeta — Elsie Dubugras, Eduardo Araia, Rose Tadei (eis a supersecretária!!), Fátima Afonso, Pedro de Moraes Bento, Marcos Juvenal da Silva — pelo apoio incondicional;

Aos amigos cujos nomes não menciono, que,

por vezes, são personagens nestas páginas de não-ficção, para quem, certamente, *"qualquer semelhança não terá sido mera coincidência";*

Aos mestres de todos os tempos: Luis Antonio Gasparetto, Jason Kelly Thompson, Carminha Levy, Clô Guilhermino, George Széneszi, Yara Fleury, Choa Kok Sui e algum eventualmente esquecido;

Aos amigos Caminheiros que sempre prestigiaram meu trabalho;

Aos leitores de Planeta, principalmente os que, de forma simpática, prestam seu incentivo ao me dizer *"leio sempre o seu artigo primeiro...";*

A Domingo e Caco Alzugaray pela confiança e apoio a meus projetos;

Aos amigos do Nosso Espaço Bio, em especial à minha parceira Dina Bastos, pelo convívio sempre agradável;

Aos amigos da Alemdalenda, pelos momentos de magia, em especial a Alexandre Rampazzo;

A Heloisa Galves, pela parceria e encorajamento nos momentos de crise.

Desculpas antecipadas aos bibliotecários, na pessoa da querida Maria Cecília Candeias, que bem tentou me orientar na colocação adequada das notas de rodapé; detestei a estética e optei por reuni-las no final do livro. Para ser sincera, só não as omiti de vez para não comprometer o conteúdo informativo da obra. Afinal, o leitor merece todo respeito.

Amorosamente, para Dino Benazzi, pelo companheirismo e bom-humor constantes.

Graças à vida e obrigada à Inteligência Superior pela inspiração, saúde e satisfação pessoal na realização deste trabalho.

Agosto, 1997.

Muito Prazer...

Talvez você já me conheça por meio de alguns artigos publicados desde 1987 nas páginas da revista Planeta. Ou, quem sabe, já nos encontramos por aí, numa de minhas palestras, vivências e cursos sobre temas ligados a reprogramação da mente, terapias alternativas ou o curioso mundo dos oráculos. Pode ser que você reconheça a minha voz dentre tantas que fazem a programação diferenciada da rádio Mundial de São Paulo. Ou seja uma daquelas pessoas queridas que estiveram comigo ao longo da caminhada nos gloriosos tempos de infância e adolescência. Talvez eu lhe pareça uma novidade completa, com toda magia e mistério que envolvem alguém absolutamente desconhecido... De qualquer maneira, escrevi este livro para você.

E para mim também, confesso. Foi muito bom poder dedicar algum tempo à reflexão sobre minha caminhada nos últimos dez anos e rever os conhecimentos adquiridos nesse período através de leituras, pesquisas, *workshops* e a presença sempre bem-vinda de bons mestres que, via de regra, se tornaram grandes amigos. Houve momentos em que mergulhei num passado mais remoto e resgatei pérolas da minha infância e adolescência. Como boa virginiana, pesquisei, analisei, sintetizei e eis aqui o resultado: um livro que reúne várias técnicas e "receitinhas" que qualquer pessoa é capaz de usar para tornar sua vida mais fácil e mais feliz.

É certo que experiência não se ensina nem se aprende — *experimenta-se,* como a própria palavra sugere. Muitas vezes buscamos a felicidade fora de nós, tentando copiar modelos totalmente inadequados à nossa natureza. Perdemos muito tempo repetindo comportamentos que não funcionam, sem entender o processo como um todo. Insistimos no binômio *tentativa/erro* até a exaustão ou o desespero. Mas, bem explicadinha, a experiência alheia, pode abrir, iluminar ou encurtar caminhos, tornando mais fácil a nossa jornada, desde que processada satisfatoriamente por nós mesmos,.

Quem, homem ou mulher em idade adulta, não teve um surto de ansiedade, uma crise de depressão ou um acesso de raiva? É disso que estamos tratando todo o tempo neste livro, para que você possa *perceber* suas emoções e trabalhá-las, colocando-as a serviço de suas realizações. Apontamos fatos corriqueiros do dia-a-dia, e certamente você se reconhecerá em muitas dessas situações, pensando com seus botões: *"e não é que a Regina escreveu isto para mim mesmo?"*

Nas sugestões ao final de cada capítulo empregamos princípios baseados em programação neurolingüística, visualização criativa, diversas técnicas terapêuticas consideradas "alternativas", filosofias ocidentais, orientais, etc., etc., etc. Fiz, à minha moda, o que considero uma "feijoada exotérica" sem perder de vista o princípio holístico que norteia a natureza humana. Esses recursos, como diria Richard Bandler, à primeira vista podem soar um tanto tolos, feito "mentirinhas" de criança. Mas funcionarão muito bem se você segui-los, passo a passo, como se fossem *grandes e sábias verdades*. Experimente!!!

Nesta nova edição, incluímos um capítulo inédito tratando do medo, essa emoção que nos paralisa e nos impede de crescer. É um tema fundamental, em vista dos trabalhos realizados por terapeutas que se utilizam da técnica conhecida como Terapia da Linha do Tempo.

Nas suas mãos, uma oportunidade de viver melhor e mais intensamente esta vida. Existem outras? Mesmo que a resposta seja "sim", eis aí uma ótima razão para não desperdiçarmos nosso tempo. Cada minuto é precioso demais para ser jogado fora com emoções negativas que corroem e adoecem seu corpo e envenenam sua mente. *Só você pode sonhar seus sonhos e realizá-los...* Por isso, mergulhe fundo nestas emoções e sinta todo o

Prazer em Conhecer-se...

Amorosamente,

Regina Maria Azevedo

Vivendo no Futuro

Conto os segundos, os minutos, as horas. Ele vai ligar. Uma linha telefônica e um aparelho "caríssimos", como diz meu pai, têm de servir pra alguma coisa além de fechar negócios. Durante o dia são orçamentos, contratos, consulta de saldo bancário, eventuais reclamações. Depois do expediente seria agradável algo mais ameno, um convite para uma *happy hour*, um filme com o de Niro, um jantarzinho informal num restaurante japonês. Ele vai ligar...

Seria bom que o fizesse sempre à mesma hora, como bem ensinou a raposa ao Pequeno Príncipe. Ligando de repente, nunca saberei o momento de preparar o coração. "É preciso ritos..." Mas os ritos são uma coisa esquecida, apesar de tornarem um dia diferente dos outros dias, uma hora das outras horas. A vida é rápida, não temos mais tempo para protocolos; os livros de etiqueta estão cada vez mais finos, com letras cada vez maiores...

O mundo tende ao caos; as pessoas são incoerentes, o trânsito, uma bagunça, as filas desorganizadas, o sistema (que sistema?) falido. Tudo tem de ser rápido, descartável, estimulante. A propaganda leva a ações impensadas; se a razão está caótica, o que se dirá do coração?

Num relance revejo uma cena do dia. Caminho pela avenida Paulista e sinto pulsar a ansiedade em cada rosto, em cada corpo abandonado pelos cantos das calçadas. A mulher puxa a criança pela mão no desesperado gesto de atravessar a rua no farol vermelho. O *office-boy* corre apressado, boné com a aba de lado, tênis de grife com um solado que mais parece um trator, assustando a multidão ao ser confundido com um trombadinha. O executivo consulta pela terceira vez o relógio enquanto espera o sinal verde. O olhar da mendiga acompanha ansiosamente a coleta das esmolas que os filhos pedem nas esquinas. Só a turma de estudantes adolescentes despreocupados parece não ver o tempo passar.

O telefone toca. *"Não, aqui não tem nenhum Ernesto. Que número discou? Ah, pro inferno, mal-educado! Bateu o telefone..."*

O tempo não pára. Mas o relógio biológico só começa a bater na idade adulta. Pode ser aos 20, aos 30, aos 40; depende apenas do momento em que começamos a levar as coisas "a sério". Sério, neste contexto, é sinônimo de austero, de duro, de rude. Quando compreendemos que a vida é difícil, o invisível cronômetro dispara; os dias são curtos, as horas insuficientes para concluir as "coisas importantes" que temos a fazer. Aos vinte anos eu admirava "gente ocupada", agenda cheia, mil compromissos; tinha uma ponta de inveja dos que já ostentavam uma gastrite como troféu pelo desempenho magnífico do dever cumprido; hoje desconfio de pessoas assim, sei que é preciso tempo para se viver bem a vida, para ser feliz.

"Já levanto com tudo que tenho direito/e me

mando em busca do tempo perdido/Evidente que eu tento de tudo que é jeito/Mas não acho meu tempo, está sempre escondido/Já procurei no passado, já procurei no futuro /Já procurei no presente, já dei por perdido /Já procurei com cuidado, já procurei no escuro /Já procurei simplesmente atendendo a pedidos..."[1]

Através da doce voz de Ná Ozetti, os versos de Luiz Tatit discorrem, de maneira bem-humorada e poética, sobre a fluidez do tempo. Queremos contê-lo, aprisioná-lo, mas nos tornamos seus prisioneiros. Todo mundo reclama da sua falta de tempo, mas a maioria não saberia o que fazer se os dias tivessem mais horas. "Eu, se tivesse cinqüenta e três minutos [extras por semana] para gastar, iria caminhando, passo a passo, mãos no bolso, na direção de uma fonte...", disse o Pequeno Príncipe ao vendedor de pílulas contra a sede que lhe oferecia o bizarro produto. O marketing baseava-se no pretexto da vantajosa economia de tempo que representavam semanalmente, já que bastava tomar-se uma delas para não ter de se beber mais nada durante o período...

Refletindo sobre o tempo — e a maneira equivocada de lidarmos com ele, causa primeira da ansiedade — me vem à mente as sábias considerações do lama tibetano Tarthang Tulku . Às vezes encaramos o tempo como um inimigo, mas é ele que nos permite usufruir a vida, que nos dá a chance preciosa de crescer e desenvolver nosso corpo, mente e espírito. "Ainda que o nosso tempo por fim se esgotará, que a vida terminará e que as nossas oportunidades se acabarão, mesmo assim terá sido o tempo que permitiu o desenrolar das nossas vidas"[2], conclui.

Mas geralmente pensamos ter tempo de sobra, por isso adiamos as coisas "para amanhã" ou o desperdiçamos com pessoas, pensamentos, situações e atitudes improdutivas. “Não seríamos nunca assim tão descuidados ao emprestar nosso dinheiro, especialmente se soubéssemos que jamais o teríamos de volta”[3], observa Tulku. Ante um estado de urgência, como no caso de doença terminal experimentada por Paul Pearsall, um psiquiatra e neurofisiologista americano, que relata sua experiência pessoal de conseguir “fabricar” um milagre de autocura, o tempo assume proporções totalmente diversas, deixando sua linearidade para mergulhar na relatividade. “Quando você se senta com uma garota bonita, duas horas parecem um minuto; quando você se senta num fogão quente, dois minutos parecem duas horas. Isto é relatividade!”[4], afirmava Einstein.

“Como o tempo é a nossa vida, ele é muito precioso, e precisamos aprender a valorizá-lo. Nenhum momento pode ser repetido; nenhuma experiência, recriada. Cada momento é único, um presente a ser estimado e bem usado. A vida não tem preço e, se a desperdiçamos dissipando nosso tempo, perdemos o valor da rara oportunidade que temos”[5], afirma sabiamente Tarthang Tulku.

Somos movidos pelo desejo; este nos hipnotiza e nos desequilibra. O desequilíbrio momentâneo pode funcionar como mola propulsora, mas às vezes não reencontramos o caminho do meio, oscilando entre extremos, num exercício de fortalecimento da ansiedade. Muitos de nós não distinguimos com clareza os objetos do nosso prazer, colocando-os cada vez mais distantes. Alguns colecionam dinheiro por hábito. Outros somam projetos e preocupações simplesmente porque não sabem como se divertir. E há ainda os que edificam sintomas e doenças por nunca saberem estar presentes no exato momento, local e hora em que a vida acontece. Ansiedade, estresse. Coisas "naturais" da civilização moderna.

Natural na humanidade é o sofrimento, tão bem definido pelo budismo. A antecipação do sofrimento, porém, é coisa de "gente civilizada". É imprescindível sofrer por não saber — fruto da ignorância — ou por não conseguir separar-se de alguém ou de alguma coisa — fruto do apego — ante uma situação real. Mas sofrimento criado nos recônditos da nossa mente, pela poderosa ação transformadora de nossos pensamentos negativos é, sem dúvida, estupidez e perda de tempo. Se somos capazes de imaginar a dor e a tristeza, podemos usar nossas "câmeras mentais" para prever cenas de saúde e prosperidade. Somos roteiristas, diretores, iluminadores, maquiadores e protagonistas das histórias que criamos e tornamos reais em nossas vidas. Pois que estas sejam "mentiras úteis" e que nos estimulem para ações produtivas.

Às vezes você ouve a crítica falar muito bem de um filme e fica doido pra ver. Põe um roupa legal, passa perfume, paga R$ 10 de estacionamento e mais R$ 10 de ingresso, se não for dia de promoção. Enfrenta fila, empurra-empurra, compra pipoca excessivamente salgada, gela com o ar condicionado e sai dali se perguntando "mas que droga, o que é que eu vim fazer aqui?". Como bem observou Luiz Antonio Gasparetto[6], muitas vezes o filme que criamos dentro das nossas cabeças, sonhando com os comentários dos outros, é muito melhor que aquilo que vemos na tela. A expectativa acerca da produção a coloca num nível superior, não nos contentamos apenas com uma simples história, bons atores, direção competente, bela fotografia; queremos nossos sonhos ali projetados e realizados. Decepção... Mas ao entrarmos no cinema completamente desprevinidos, livres de qualquer ansiedade, podemos encontrar mensagens surpreendentes na comedinha mais ordinária e previsível a que se possa assistir...

Assim fazemos também na "vida real". Desejamos coisas que ouvimos dizer serem boas ou mesmo ideais para nós; muitas delas julgamos ser inatingíveis e nos frustramos pela simples idéia de não sermos capazes de conseguir algo que nem ao certo sabemos o que é, ou se realmente se presta às nossas necessidades.

Muita energia é gasta em torno do que não vai dar certo. Generalizamos experiências ruins do passado como as únicas do nosso repertório de lembranças. Eliminamos as coisas boas ou distorcemos os momentos de felicidade associando-os a "coisas terríveis" que vieram depois. Não somos preparados para viver o presente. Você é um bom estudante porque tem de ser um bom profissional... no futuro. Seja bom filho, assim será — futuramente — um marido e pai exemplares. O desejo é sempre colocado adiante — e nós correndo atrás dele — nessa pantomima que aprendemos a encenar como se fosse "vida real". A felicidade está no futuro e este nunca chega, porque sempre é adiado "para amanhã".

É certo que aprendemos através da dor. Uma doença tida como incurável, uma perda significativa ou qualquer tipo de carência evidenciada são capazes nos ensinar a viver o presente com avidez. Mas podemos nos deixar levar, nesse aprendizado, pelo caminho do amor, muito mais seguro, sábio, enriquecedor. Fomos moldados para aceitar as dificuldades da vida e temos de nos empenhar exaustivamente para reaprender a nos voltar à verdadeira — e muito simples — natureza das coisas.

"Alô! Não, já foi embora. É, ele é do tipo operá-

rio-padrão, às 6 e 1 já bateu o cartão, desligou o micro, penteou o cabelo e correu pro estacionamento pra ficar uns 15 minutos esperando na fila até o manobrista achar o carro dele... Não, não estou autorizada a dar o telefone da casa dele... Não, não sou a secretária dele, nem a mulher dele, nem o caso dele, minha senhora, sou a chefe dele. Por nada..."

A ansiedade, tão bem assimilada pelas mulheres, é característica masculina. Atualmente há excesso de energia yang no mundo; poder, movimento, atividade, princípios masculinos. Competição, pôr à prova a capacidade a todo momento, disputa de cargos, salários, ter saco, tudo isso é coisa de homem que a mulher profissionalmente ativa precisa enfrentar. Depois de exacerbar o lado yang, só mesmo reforçando o pólo yin. E dá-lhe tai-chi chuan, dieta vegetariana, meditação, musiquinha *new age*, palestras e *workshops* pra aprender a reequilibrar-se e entrar em sintonia com a natureza. O mundo tá ficando muito complicado...

Preocupar-se, que mecanismo é esse? Que sintomas são despertados a partir da pré-ocupação de nossa mente e coração com coisas e pessoas que nunca foram e não sabemos ao certo se serão? É bom lembrar que, para o bem e para o mal, o cérebro não distingue a realidade do que não é real. Assim, o ansioso provoca em seu corpo as reações que teria *de fato* diante da situação verdadeira, mesmo que a "tragédia" ocorra apenas na sua imaginação. A partir de um fato hipotético, muitos sintomas desagradáveis podem ser disparados pela ansiedade.

O processo fisiológico que provoca o estado de ansiedade é semelhante ao que é acionado quando sentimos medo: hormônios estimulantes são liberados na corrente sangüínea, fazendo o coração bater mais rápido e dirigindo o fluxo para onde ele é mais necessário. Geralmente o suprimento de sangue diminui para a pele e o abdômen, aumentando para os músculos. Dentre os distúrbios mais comuns apontados por terapeutas que consideram a psicossomática, a ansiedade pode provocar aborto, amnésia, anorexia, apendicite, asfixia, azia, cãimbras, cólicas, diarréia, disfunções do apetite, da bexiga, enfisema, enjôo, esterilidade, frigidez, gastrite, hemorróidas, impotência sexual masculina, indigestão, insônia, mal de Parkinson, miopia, náuseas, obesidade, paralisia, problemas de pele, problemas na parte inferior das pernas, problemas nos quadris, problemas respiratórios, úlceras, urticária. Precisa mais?

A frustração gerada pela ansiedade leva a processos autodestrutivos: comer, beber ou fumar demais tornam-se "hábitos naturais". Sacrificando o controle do corpo, o ansioso tenta atingir o controle da mente; aliás, ele é um (péssimo) controlador em potencial, pouco dado a mudanças e desastrado no trato com imprevistos. Afinal, tudo deveria ter sido calculado por sua mente ansiosa perfeccionista...

A prova mais cabal de que a ansiedade não presta pra nada é que ela não contribui minimamente para que consigamos atingir o resultado almejado. Convido-o agora a relembrar um momento da sua vida em que você experimentou um estado de ansiedade; reflita sobre como as coisas se desenrolaram: em algum momento a ansiedade trouxe qualquer tipo de contribuição para que você chegasse ao resultado final desejado? Na verdade, o seu cliente vai assinar — ou não — aquele contrato importante quer você passe o fim de semana jogando tênis, quer fique roendo as unhas e perambulando insone pela casa feito um espírito obsessor... Pense nisso toda vez que sua âncora de ansiedade disparar...

Não há limites para os males causados pela ansiedade; tanto ela pode conduzi-lo a decisões precipitadas e errôneas quanto pode paralisá-lo num estado imobilizador de pânico. Estar interessado num determinado assunto ou meta não exige que você se mantenha preocupado. Por isso, querido leitor, faça como eu, que neste exato momento, depois de toda esta reflexão, decido *agora* jogar minha ansiedade no lixo! Eu recomendo...

"Alô! Hummm, que surpresa boa! Jantar no japonês? Ótimo! Depois pegar a última sessão do Desafio no Bronx? *Perfeito!! Não, um pouquinho mais tarde... Afinal, pra que a pressa?..."*

Antídotos Contra a Ansiedade

As sugestões a seguir foram baseadas em exercícios recomendados por Tarthang Tulku, Paul Pearsall e em princípios de aprendizado da Programação Neurolingüística. Você pode optar por um deles ou combiná-los à vontade.

1 - Faça um retrospectiva da semana passada. Relacione o tempo de que dispunha, as coisas que tinha a fazer e as que conseguiu realizar. Relembre seus momentos de ansiedade e sinta o quanto eles foram inúteis. Se não conseguir se lembrar da semana passada, passe a observar como vem usando (e vai usar) o tempo durante esta semana. Medite sobre suas conclusões.

2 - "Tome o pulso" do seu tempo. Sente-se diante de um relógio (preferencialmente grande, de parede) que tenha ponteiro de segundos. Quando o ponteiro estiver no alto do relógio, feche os olhos e tente perceber quando, exatamente, ele perfaz um minuto. Abra os olhos

e confira. Os ansiosos geralmente desistem antes dos sessenta segundos. Exercite-se até conseguir ajustar seu relógio biológico ao transcorrer natural das horas.

3 - Combata imagens e idéias negativas com a contraparte positiva dos resultados almejados, através de meditação e visualização criativa. É sempre melhor sonhar do que ter pesadelos.

4 - Faça uma âncora auditiva, prestando atenção, de 1 a 6 vezes, nos bonitos versos de Almir Sater e Renato Teixeira (se possível consiga uma gravação da música; senão, memorize apenas a letra, transcrita a seguir):

Tocando em Frente[7]

Ando devagar porque já tive pressa
E levo este sorriso porque já chorei demais
Hoje me sinto mais forte, mais feliz, quem sabe
Só levo a certeza de que muito pouco eu sei
Eu nada sei
Conhecer as manhas e as manhãs,
O sabor das massas e das maçãs...
É preciso amor pra poder pulsar,
É preciso paz pra poder sorrir,
É preciso a chuva para florir
Penso que cumprir a vida seja simplesmente
Conhecer a marcha, ir tocando em frente
Como um velho boiadeiro levando a boiada
Eu vou tocando os dias pela longa estrada, eu vou
Estrada eu sou
Todo mundo ama um dia, todo mundo chora,
Um dia a gente chega, no outro vai embora
Cada um de nós compõe a sua história
E cada ser em si carrega o dom de ser capaz
De ser feliz...

O Desafio do Perdão

Tudo acontece em alguns poucos segundos: um descuido no volante, uma palavra dirigida ao ajudante e zás... meu paralama afundado, uma lanterna quebrada, o porta-malas emperrado. Desço do carro assustada e verifico que os danos materiais não foram tão graves assim. O motorista do caminhão, encurralado pelo tráfego intenso da hora do *rush,* não tem por onde escapar. Com um jeito entediado e um ar de superioridade machista, afirma que eu "não dei sinal". Acho que um semáforo fechado à frente, lanternas de breque funcionando e um impoluto *brake light* acionado são mais que suficientes para sinalizar que é preciso parar; mas o motorista não pára, achata a minha traseira e desce arrogante da caçamba com um ar de dono do mundo.

Tento conscientizá-lo do estrago, de sua imprudência e, principalmente, de que quero ser ressarcida. Ele estufa o peito de estivador, rosna meia dúzia de impropérios, abusa de lugares-comuns, "que lugar de mulher é na cozinha". Não, ele não vai pagar; não é dono do caminhão, ganha salário, não tem seguro, etc., etc. Dá-me as costas e após mil manobras sai bafejando o ar com uma grossa nuvem de fuligem.

Acuada, impotente, minha primeira reação é raivosa. Tenho vontade de esmurrá-lo, mas ele já vai longe. Ensaio um choro, uma maldição, mas o meu sistema de integridade — aquele responsável por que eu faça sempre o meu melhor — me lembra que "todas as minhas ações, boas ou más, voltarão para mim triplicadas". Esmoreço. Bato a porta num semitranse de apatia; pior que o prejuízo material é o moral, que me faz sentir indefesa e desprotegida em meio ao tráfego feroz.

Apesar da tristeza, retomo o volante para, literalmente, ir tocando em frente. Busco uma estratégia para amenizar a dor, desfazer o nó da garganta. Respiro profundamente, concentro a atenção no meu centro vital, atrás do umbigo, como recomenda a prática do tai-chi chuan. Da pulsação advém a calma e, segundos depois, uma centelha de lucidez; não perco tempo com o "*por quê?*", vou direto ao "*como* resolvo esta situação?". O que posso fazer, na prática, para romper a linha cruzada que se estabeleceu entre mim e o grosseiro motorista? Como evitar maiores danos emocionais resultantes do efeito dessa trombada? A resposta me ocorre através de uma palavrinha atualmente meio gasta, outrora em desuso: *perdoar.*

A tradição judaico-cristã apresenta o perdão como o antídoto natural do pecado; se há pecado, há culpa e estes só podem ser resgatados através do sublime ato de perdoar. "Perdoai as nossas ofensas, assim como perdoamos os que nos tem ofendido..." Será que perdoamos mesmo?

Manda a boa educação que se perdoe tudo e todos, desculpar, relevar são verbos usados abundantemente por "cidadãos civilizados", sempre em voga no primeiro mundo. *"Excuse me"* é expressão comum entre os norte-americanos. Eles se desculpam por tudo: um pequeno esbarrão nas calçadas lotadas de Nova Iorque, por derrubarem um pacote num supermercado, por não entenderem o raciocínio do interlocutor. *"Forgive me"* é uma fala mais rara, a boca parece endurecer, a expressão fica compenetrada, introspectiva. Qual a diferença entre desculpar e perdoar? Como é que se perdoa de fato, com a cabeça ou com o coração?

Ao longo de meu trabalho com as técnicas da visualização criativa, introduzi alguns exercícios de relaxamento com a finalidade de facilitar o acesso às porções do inconsciente aptas a serem trabalhadas produtivamente nesse processo. Estabelecido um ritmo respiratório favorável, passamos ao relaxamento do corpo; em seguida, antecedendo a visualização propriamente dita, introduzimos uma prática denominada *"exercício do perdão"*. É incrível o efeito terapêutico e liberador dessa técnica; parece que cada pessoa se livra de um peso imenso, algumas apresentam até um certo ar de rejuvenescimento. Perdoar faz bem, embora requeira prática e certa habilidade.

A narrativa da terapeuta americana Robin Casarjian em seu *"O Livro do Perdão"* começa com um depoimento da autora acerca de como ela perdoou seu algoz, tendo sido vítima de um estupro. Por mais absurdo que pareça, ela foi capaz de perdoar verdadeiramente um ato de natureza violenta, covarde e vil como esse. Robin afirma: "pelo perdão me livrei do fardo de permanecer uma vítima para sempre e me libertei para poder apreciar a minha vida"[1]. Talvez seja essa a parte mais proveitosa do perdão: através dele, experimentamos uma incrível e reconfortante sensação de liberdade.

O maior entrave ao perdão é, sem dúvida, o orgulho. Esse sentimento quase sempre inútil e antipático às vezes provoca respostas endurecidas como "nunca", "impossível", "jamais, depois do que ele me fez!", etc., ante a proposição de perdoar. Além disso nos reveste de uma falsa superioridade, até mesmo quando perdoamos. Como um juiz soberano, condenamos para depois, "piedosamente", concedermos ao réu o beneplácito do perdão. Afinal, somos bonzinhos, cheios de nobres sentimentos, não é mesmo? "Os outros" são errados, insensíveis, grosseiros, estúpidos, uns babacas. Somos nós os perfeitos, os magnânimos, gente fina, etc., etc. Perdoar dessa maneira equivocada massageia nosso ego, enche nossa bola... de ar. E, de repente, vemos a sensação se esvaziar dentro de nós e concluímos: perdoar não vale a pena...

Nunca perdoamos genuinamente se ignoramos, negamos ou escamoteamos nossa raiva e ressentimento originais que geram o objeto do perdão. Esses sentimentos negativos são os motivadores fundamentais para o exercício de perdoar legitimamente. A mulher que "perdoa" a infidelidade do marido, na verdade está apenas mentindo para ela mesma que tudo está bem, embora sinta que não está. Esse fingimento gera frustração e, ao longo do tempo, pode culminar em doença, paranóia ou explodir de maneira incontrolável quando menos se espera. Perdão não tem nada a ver com aceitação, não significa que você aprova ou apóia aquele comportamento nem o impede de agir para mudar a situação ou de se proteger para não ser alvo dos sentimentos mesquinhos dos outros. Perdoar implica apenas olhar a situação sob o ponto de vista do outro e reconhecer, verdadeiramente, que ele está fazendo o seu melhor e que a atitude por você considerada correta ou ideal não é desenvolvida pelo outro por pura ignorância.

Um amigo me fala sobre a dificuldade de pedir perdão através da fórmula tão simples e mágica, composta de duas palavrinhas e uma certa ternura na voz *("Me perdoa?")*. Diz que prefere mandar flores, convidar pra um passeio, em suma, mudar de atitude. É uma boa estratégia, desde que a outra parte envolvida entenda esse código não-verbal. Outro me deixa pasma com a sua atitude leonina. Tempos atrás ele brigou com uma amiga comum e agora está de viagem marcada para a Alemanha, onde vai morar por uns meses. Ela me pede para lhe dizer que ele tenha sorte em seus estudos, está torcendo por seu sucesso; e que a perdoe, lhe telefone. Transmito o recado com alegria, certa de que ele vai ligar enternecido, já que é uma pessoa bastante sensível. Para minha surpresa, sua reação é expressa através do riso irônico e um comentário do tipo "eu já a perdoei, mas é *ela* quem tem de ligar pra mim!"

Esse comportamento me causa estranheza, meu lado racional certinho considera bem mais simples que ele passe a mão num telefone e resolva tudo de uma vez: "Oi, aqui sou eu, tô indo pra Alemanha e gostei de saber que você tá torcendo por mim..." Segundo Robin Casarjian, realmente não é preciso dizer "eu te perdôo"; mudar de atitude é suficiente. Tenho minhas dúvidas. Concordo quanto a dispensar a solenidade dos termos; a experiência me mostra, porém, que o outro nem sempre se sente perdoado, principalmente quando pediu perdão formalmente. A própria Robin afirma que, muitas vezes, a forma verbal é parte importante do processo. No caso específico desse amigo, nem minha amiga nem eu detectamos qualquer mudança de atitude, o que significa que o código não-verbal não funcionou... Não basta perdoar, é preciso comunicar o perdão de forma inteligível à outra parte.

Mas perdoar nem sempre implica mudança do seu comportamento, principalmente frente às situações adversas. Por exemplo, você pode perdoar um amigo que se tornou inconveniente ao beber demais, o que não significa que deva sempre aturar seus pileques; você pode perdoar a imprudência da sua esposa ao gastar demais com futilidades, comprometendo o orçamento da casa, mas não é obrigado a lhe dar dinheiro sempre que ela pedir; pode perdoar os comentários maldosos de sua sogra acerca da educação dos seus filhos, mas não precisa visitá-la todo final de semana nem seguir seus conselhos pautados na moral de quarenta nos atrás; pode perdoar a displicência da sua empregada no trato com as roupas, mas pode contratar uma outra se isso o incomoda tanto. Perdoar, muitas vezes, é consentir com o coração e dizer não com a razão.

Um amigo me ensinou uma importante lição acerca das pessoas, que se enquadra bem no processo do perdão: todo mundo tem um lado bom, iluminado; e à medida que buscamos luz nas pessoas, é essa faceta positiva que elas nos mostram. Nas relações profissionais, é comum ouvirmos expressões conformistas como "engolir sapos", "descascar abacaxis", "segurar pepinos". Quando não ocupamos um cargo de chefia que nos permita escolher o profissional que integrará a equipe, somos forçados a conviver com gente de todo tipo, principalmente do tipo "diferente". Para essas situações, o perdão é um santo remédio.

Uma grande amiga trabalha num hospital da rede pública e vivia se queixando da chefe. Incompetente, mal-humorada e oportunista é do tipo de pessoa que sempre diz "nós acertamos" (assumindo a parceria pelo sucesso das colegas) e "você errou" (quando alguma coisa não funciona bem na equipe). Neste caso, o mal-estar parecia perpétuo, além de inevitável. Concursada, sem vislumbre de promoção, o que lhe restava seria sair da instituição (considerada a melhor do país) e tentar vaga num hospital menor; ou abrir um consultório próprio, o que iria requerer uma infra-estrutura para a qual ela não estava preparada. Minha amiga tentou de várias formas: "bateu de frente", apontando as falhas da superiora, que sempre escorregava através de desculpas intermináveis; acumulou responsabilidades, "tapando os buracos" causados pela incompetência e insegurança da outra; fez "corpo mole", tentando ver o que resultava da política do "quanto pior melhor". Mas só encontrou o caminho para ficar em paz consigo mesma sem ter de abrir mão do cargo que conquistara e que muito prezava, quando conseguiu ver a mulher frágil e carente que havia por trás da megera.

Essa nova visão acarretou o processo de perdão; sua atitude em relação à superiora mudou: através do diálogo sem afetações, a mulher tornou-se mais criativa e receptiva. Por não se sentir ameaçada nem cobrada, seu lado melhor aflorou e o relacionamento entre ambas tornou-se mais agradável.

Perdoar é uma atitude pessoal e intransferível. Para nos decidirmos por ela, é útil que vejamos as "vantagens" que o perdão nos traz. Além de nos livrar de mágoas e ressentimentos acumulados — que segundo a visão psicossomática das doenças resultam em males físicos reais para o nosso corpo e não apenas "traumas" psicológicos —, amplia nosso modelo de mundo, reduzindo nossa ignorância, nosso apego e nossa ira, os três grandes males apontados pelo budismo tibetano como causadores do sofrimento. De quebra, abre espaço para a bondade, o amor e a compaixão, sendo um treinamento básico para se chegar a experimentar esses sentimentos que apontam o caminho da felicidade. É importante ter consciência de que perdoar é uma escolha inteligente e eficaz.

O ato de perdoar implica responsabilidade; novamente nos deparamos com a sabedoria do *"ser 100% responsável por si mesmo";* requer dedicação, esforço e prática, como qualquer atividade que queiramos dominar. Para exercitá-la é preciso checar constantemente suas opções e ter sempre em mente que elas são "uma escolha e não um fato objetivo", conforme afirma Robin. As coisas não *são,* apenas *estão* (princípio da impermanência). E podem *estar* da maneira que consigamos vê-las, ou seja, de acordo com nossa capacidade de enxergá-las, totalmente vinculadas às dimensões do nosso modelo de mundo. Exercite-se!

"Perdoar é um modo de vida que gradualmente nos transforma de vítimas indefesas das (nossas) circunstâncias em poderosos e amorosos co-criadores da nossa realidade"[2] postula a terapeuta americana (parênteses nossos). O perdão requer não apenas generosidade, mas ousadia, pois temos de enfrentar nossos próprios medos, julgamentos, limitações para nos lançar à tarefa de enfrentar o novo. Através dessa prática, adquirimos o mágico poder de nos transformar e transformar tudo e todos ao nosso redor. Você está preparado?

O perdão está tão intimamente relacionado à culpa, que invariavelmente, quando proponho o exercício do perdão a um grupo, alguém me pergunta:

"Mas eu só perdôo? Não devo pedir perdão também?" De acordo com a estrutura simbólica através da qual concebi o exercício, o processo se inicia com a pessoa "vestindo-se de branco" (ou pintando mentalmente sua roupa de branco). Esse ato reflete exteriormente sua pureza interior; você está livre de "pecados", é digno de fazer uso do perdão. Para os mais racionais, é útil repetir-se várias vezes "eu me perdôo por ..." quando se sentir culpado por algo. Isso afasta o arrependimento inútil e o libera para encontrar situações mais criativas numa próxima vez.

Errar é humano, perdoar também. "Amar é nunca ter de pedir perdão", frase célebre do filme *Love Story*, pode soar bem romântica, mas é um referencial bastante tolo. "Perdão foi feito pra gente pedir", refrão do cancioneiro popular, nos parece muito mais razoável... Mas, conforme dissemos, perdoar é, antes de tudo uma escolha e um treino para a vida prática. E você bem pode começar me perdoando se eu não fui capaz de estimulá-lo a usar, com habilidade e sabedoria, essa hábil ferramenta chamada perdão...

O Exercício do Perdão

1 - Sente-se confortavelmente, pés paralelos firmemente fixados no chão, coluna ereta, mãos descruzadas, repousando sobre o colo. Feche os olhos, respire profundamente. Inspire agora bem devagar, contando mentalmente 1, 2, 3, 4. Segure o ar: 1, 2. Expire suavemente, 1, 2, 3, 4. Repita o exercício por mais duas vezes; mantenha o ritmo respiratório.

2 - Visualize-se vestido de branco, "pintando" com uma tinta ou luz imaginária a roupa que está usando neste momento. Comece pelos sapatos, as meias, a parte inferior, a parte superior, a roupa íntima, os acessórios.

3 - Visualize uma escada branca majestosa à sua frente, como as dos filmes inesquecíveis, com degraus largos, seguros, um corrimão firme de cada lado e um patamar no final dela. Vá subindo os degraus lentamente; para cada degrau galgado, deixe lá embaixo alguém que lhe causa (ou causou) algum tipo de preocupação. Não precisa ser, necessariamente, alguém de quem você não gosta ou que não gosta de você (encarnadas ou desencarnadas), mas também as pessoas que estão com algum problema para o qual você não tem uma solução. Coloque-os todos ali: seus familiares, colegas de trabalho, rostos anônimos (quem tentou enganá-lo no troco, quem foi rude no atendimento de uma necessidade sua, o homem que passa de carro e espirra lama na sua roupa, o empregado que responde grosseiramente, etc.) . Para cada degrau, uma pessoa é deixada lá no piso térreo.

4 - Depois que "escalar o time", volte-se para eles, encare-os e envie uma névoa úmida, perfumada, morna ou refrescante (dependendo do clima), que vai sendo pulverizada sobre as cabeças dessas pessoas. À medida que a névoa vai caindo, o semblante delas se transforma, todos ficam serenos, com a expressão suave, esboçam um sorriso e dirigem um terno olhar para você. Nesse momento, você retribui com um gesto cordial, seja um sorriso, um aceno, um beijo. Aproveite a sensação de bem-estar por mais alguns minutos, depois deixe a cena se desmanchar e volte ao ambiente.

Você Decide

Ano Novo, vida nova. Em geral, é assim que as pessoas se preparam quando chegam as festas, do Natal ao *reveillon*. Fazemos promessas que raramente cumprimos, aumentamos nossas expectativas otimistas acerca das coisas que poderão ser feitas, muitas das quais já seriam realidade não fosse nosso desleixo, preguiça ou falta de fé. Vivemos esse momento mágico com a alegria sincera ou artificial de estar entre pessoas amigas e familiares, isso quando não nos entregamos à reflexão solitária e frustrada acerca daquilo que não pudemos realizar.

Altos índices de depressão e suicídio são registrados nessa passagem festiva. A solidão se acentua para os que não aderem à idéia consumista de que é preciso se divertir. Alguns sentem a compulsão de participar dessa alegria, como uma espécie de necessidade natural. Na verdade, ela é, em grande parte, fruto da propaganda que alardeia que é preciso sorrir, presentear, abraçar, comer e beber até se fartar. E assim como no Natal devemos nos sentir bondosos, voltando-nos a práticas caridosas, na virada do ano precisamos demonstrar uma certa euforia, ainda que vazia, desprovida de sentido e de sentimentos.

Diz uma antiga tradição que aquilo que se faz no primeiro dia influencia os resultados para resto do ano. Por isso, a maioria das pessoas tentam entrar com o pé direito, purificadas pelas ondas do mar e as bênçãos da grande Mãe Iemanjá. Não raro, deixam-se envolver por um leve estado alterado de consciência provocado pelo álcool em excesso ou por outras drogas mais fortes, culminando com o transe místico de pular e rodopiar até raiar o dia, no embalo frenético das marchas carnavalescas ou, numa versão atual, da *axé music* baiana, com direito às coreografias bizarras e grotescas que envolvem boa parte dessa anticultura popular. Afinal, como no jargão televisivo, *"você decide"*.

Mas será isso mesmo? Já parou para analisar a quantas anda o seu poder de decisão? Você é uma pessoa adulta capaz de assumir seus atos ou ainda se comporta como a criança "bem educada" que, antes de responder se aceita um pouco mais de sorvete, espicha o canto dos olhos para ver se conta com a aprovação do pai, da mãe, da professora, do irmão mais velho ou de quem quer que lhe represente autoridade? Fazer escolhas é uma necessidade real e natural do ser humano que vem se complicando nos dias de hoje pelo fenômeno da diversidade, que em vez de ajudar, atrapalha.

É certo que a informação é importante e que a popularização desta através dos meios de comunicação de massa possibilitou o desenvolvimento das sociedades civilizadas, resultando naquilo que chamamos "progresso". Se por um lado o excesso de informações desenvolveu no homem o poder de síntese, por outro o senso analítico foi altamente prejudicado. O indivíduo já não se sente como tal, é apenas um ser massificado que age conforme determinam os ditames da moda, das regras ou da maioria - nem sempre sensata. Nesse vestibular diário de múltipla escolha, mais cômodo é ir logo preenchendo o quadradinho com um "X", sem refletir muito sobre a resposta assinalada. Assim reagimos à maioria dos estímulos cotidianos: automaticamente.

Quando se dirige a uma pequena cafeteria movido por um desejo real de saborear um gostoso cafezinho, você entra confiante no estabelecimento e toma ares de um ser adulto absolutamente resolvido. "Um café", solicita com voz grave. E aí pode começar o seu inferno, porque a atendente solícita se apressa em desfiar um rosário de variações sobre o mesmo tema: açúcar ou adoçante? forte ou fraco? com leite ou creme chantili? um pouquinho de canela? normal ou descafeinado? Isso quando não tenta confundi-lo ainda mais oferecendo alguma coisa similar mas diferente, como um capuccino ou um chocolate quente. E os acompanhamentos, então? Pão de queijo? pão de batata recheado com requeijão? um pedaço de torta doce? uma fatia de bolo de fubá?

Você relembra, com saudade, o velho bule esmaltado cheio até a boca de café coado no saco de pano, quente, encorpado, adoçado na medida certa com o carinho, a experiência e a sabedoria da sua avó. Não era preciso decidir nada, ela adivinhava suas vontades. E tudo o que você queria, neste exato momento, era sentir um pouco daquele sabor no balcão espremido deste quiosque com pouco mais de doze metros quadrados, relembrando o conforto que o sabor amargo lhe proporcionava. Em poucos segundos a ilusão se desfaz e você acaba engolindo um não-sei-quê com gosto tecnológico e impessoal, sem ao menos perceber que sua decisão foi sutilmente alterada. "O que foi mesmo que vim buscar aqui?", você se pergunta, enquanto dá mais uma mordida no pão de queijo insosso.

Embora tenhamos múltiplas opções, muitos de nós acabamos adotando o trivial, por acomodação, saudosismo, ignorância ou simplesmente para não contrariar quem quer que seja, concordando com a maioria. Numa turma sempre há o tipo decidido, com o pedido na ponta da língua, que critica minha atitude ao ler e reler um cardápio interessante; ele acaba comendo sempre o mesmo indefectível hambúrguer com fritas, torcendo o nariz para minha ousadia ao escolher filé de peixe agridoce, ao molho de pimenta e abacaxi. "Exótico", ele observa. Absurdo? Se eu não experimentar, nunca hei de saber...

Mas há também aquele que, depois de fazer uma leitura revista e comentada do tal cardápio, pede a sua opinião. E a do outro, e a do outro, e a do outro... Acaba escolhendo por consenso, cruza os dados, faz uma rápida estatística, noves fora... quero ISTO!! Quando o prato chega, experimenta e faz cara de sonso, ficando de olho na iguaria do vizinho. De que lhe valeu tanta informação e pesquisa? Qual o peso da sua satisfação nessa "politicamente correta" decisão?

Algumas pessoas levam tão a sério o ato da escolha, que acabam acreditando que uma decisão é "para sempre". Não admitem que você peça um filé com fritas numa cantina italiana, já que filé é pedida mais adequada a uma boa de churrascaria. Em restaurante italiano se come massa, *capisce?* Essas pessoas "decididas" se fecham para o mundo, tentam impor suas vontades, pressupõem ter encontrado todas as respostas, não apreciam novidades, aventuram-se muito pouco, sendo altamente conservadoras. Sofrem com a mudança dos tempos, dos costumes, apegando-se ao que "é certo", sem sequer analisar a conseqüência real das novidades propostas em suas vidas. Se o filho passa a usar brinco(s) é um horror, se a vizinha se divorciou é o fim-do-mundo, se o novo chefe de pessoal promove mudanças de horário para aumentar a produtividade é uma tragédia. Qualquer detalhe, por mais insignificante que seja, abala a rígida estrutura do "decidido".

Em contrapartida, há também os que defendem ardentemente o direito de permanecer indecisos, mesmo que isso atrapalhe o andar da carruagem — a sua própria e a dos outros. Como boa virginiana, desenvolvo naturalmente métodos e estratégias até mesmo para ir comprar três pãezinhos e um litro de leite na padaria da esquina. Vivo arquitetando agendas, programando atividades, estruturando o tempo. Para mim, que convivo comigo há mais de três décadas, essa atitude é saudável e produtiva, uma maneira que encontrei para vivenciar melhor o presente, improvisando o menos possível no futuro. Mas, para quem vive intensamente cada minuto, qualquer programação, por mínima e necessária que seja, pode parecer uma aporrinhação chata e neurótica.

Uma amiga me telefona na quarta-feira e sugere uma sessão de cinema na sexta. Ligo na quinta à tarde com a relação de endereços e horários possíveis. "Ainda não sei, liga amanhã depois do almoço..." Quando reclamo que preciso me organizar com alguma antecedência, já que não tenho patrão e sou "dona e senhora" do meu tempo, ouço do outro lado da linha um discurso inflamado sobre o seu direito de ser indecisa. Depois do desabafo, ela pergunta como seria mais conveniente para mim e acaba concordando. No dia seguinte, à porta do cinema, insinua que "os outros" sempre decidem as coisas por ela... Pudera! Deixando por sua conta e risco, muito provavelmente ela iria ver na segunda-feira o filme que saiu de cartaz anteontem...

Manhã ensolarada de domingo, Parque do Ibirapuera. Lugar de gente transada, saudável, onde alguns passeiam seus corpos, outros suas bicicletas de estimação ou seus cães sofisticados. Pessoas produzidas, com tênis e relógios da moda e o bronzeado invejável de quem tem tempo e dinheiro para o lazer. Atropelos e bate-bocas na ciclovia e fora dela porque pedestres confusos e indecisos ciclistas não respeitam mutuamente as faixas destinadas a cada um deles. Felizmente, o mesmo previsível resultado de sempre: ofensas mais ou menos graves e escoriações mais ou menos leves. Caminho pelas alamedas do parque e observo.

Na saída, não posso deixar de ouvir a conversa animada de dois bonitões à minha frente. É tempo de eleições, segundo turno, mas nenhum deles vai votar neste ou naquele candidato na sexta-feira. "Político é tudo igual" e eles vão mesmo é zarpar pro Litoral Norte na quinta, logo depois do almoço, que já estão com a vida ganha e o impresso de justificação na bagagem. Pode ganhar quem quiser; depois "a gente dá um jeito". Feito colonizadores que tentam conquistar a amizade dos aborígenes, finda a eleição lá vão os dois jovens executivos fazer amizade com o vencedor, levando um espelho, um radinho de pilha ou uma mala preta cheia de dólares na mão. E dá-lhe corrupção. Mau político é mesmo tudo igual e o cidadão mal politizado também é farinha do mesmo saco.

Sou igualmente avessa à obrigatoriedade do voto. Considero a escolha de meus governantes um direito conquistado, não um dever. Lamentavelmente, o ministro Pelé continua atual na sua máxima tão criticada de que "o brasileiro não sabe votar"; quando nos é dada a oportunidade de eleger um representante, de acordo com nossa própria consciência, nos omitimos e depois choramos sobre o leite derramado. Que escolha ofereceu a seus cidadãos um país que já trocou votos por pares de sapatos, pratos de comida ou passeios de ônibus até o local da votação?

Decidir pelo outro sempre foi um comportamento aprovado e reforçado em nossa sociedade patriarcal e conformista. Os pais escolhiam o futuro de seus filhos exercendo influência sobre valores básicos do ser humano, como sua carreira ou seu casamento, sem levar em conta o prazer, as afinidades, o amor e a paixão. Não vai longe esse passado, é coisa dos tempos de meus avós, que começou a se dissipar somente na geração de meus pais e persiste até os dias de hoje.

Ainda se lêem nos jornais notícias acerca da atuação equivocada de sindicatos, que preferem impor a sua vontade em nome da "coletividade" (não a classe toda, mas apenas os filiados, os que pagam mensalidade) sem levar em conta o indivíduo. Os funcionários públicos que vêm participando do programa de demissões voluntárias proposto pelo governo têm sido alvo de duras críticas pela liderança sindical, que pretende saber, mais que a própria pessoa, o que lhe é conveniente. O Estado tomou a atitude decente e imprescindível de enxugar a máquina de empregos, diminuindo as mamatas. Os demissionários, conscientes de que não vão fazer falta aos órgãos públicos e de que têm coisa melhor a fazer, não somente para suas vidas, mas também para a sociedade, aderiram ao apelo, num gesto de dignidade. E passam a ser criticados pelos defensores da "classe"...

"Não sei se vou ou se fico/Não sei se fico ou se vou/Se vou, eu sei que não fico/Se fico, eu sei que não vou." Essa modinha ingênua era sempre entoada por meu pai quando eu ficava indecisa, na encruzilhada, entre dois caminhos. Permanecer "na encruzilhada", como diz Paulo Coelho, é pura perda de tempo e energia, pois, mais cedo ou mais tarde, alguma decisão terá de ser tomada. Se errada ou acertada, somente os fatos subseqüentes irão dizer. Quem tem consciência de que está fazendo o seu melhor, se preocupa menos e se ocupa mais quando tem de tomar alguma atitude decisiva.

Quem ainda não ouviu aquela história inacreditável da dieta que vai começar na segunda-feira que vem? Quanto sacrifício, coragem e obstinação são necessários para tomar atitudes dramáticas como o início de um regime alimentar ou a prática diária de exercícios? Nenhum. É preciso apenas ter consciência e decidir por aquilo que é melhor para você. Experimente sair de cima do muro e começar essa mudança radical de hábito AGORA. Feche essa caixa de bombons, se possível doe a alguém. Levante-se, mexa a cintura e os quadris, vá a pé ao supermercado, aja em vez de ficar apenas envolvido em elocubrações mentais. Faça um roteiro com suas aspirações, estipule um prazo para que se realizem, consulte-o de vez em quando e perceba se está se desviando do caminho. Reformule, tome novas decisões e volte ao rumo desejado. Decidir é assim: um exercício diário que, quanto mais se pratica, mais simples se torna.

Algumas vezes a resposta à questão formulada pode nos parecer muito além da nossa própria capacidade. Acreditando nisso, muitas pessoas recorrem à sabedoria de videntes e oraculistas de qualquer espécie — inclusive dos inescrupulosos. Essa suposta sabedoria não é diferente da sua própria. Concordo que, às vezes, é útil acionar nosso inconsciente através da linguagem simbólica dos oráculos. Mas, no melhor estilo *"faça você mesmo"*, recomendo o estudo de alguma prática que lhe pareça familiar, ou com a qual você simpatize. Se tem afinidade com números e cálculos, experimente a numerologia ou a astrologia. Se aprecia figuras, símbolos, objetos, dedique-se à leitura do tarô, à cartomancia ou às runas. Se está habituado à linguagem filosófica, consulte o I Ching. E se gosta de fenômenos físicos, a radiestesia pode se revelar um instrumento valioso.

Ah, você é do tipo que não acredita no próprio poder? Então vai mal, muito mal. Deixe o barco ao sabor dos ventos e perceba, a exemplo da sabedoria do filósofo Sêneca, que "não existe vento favorável para quem não sabe onde quer chegar..."

Lembre-se: estamos falando de escolhas. Por isso, não se abandone nas mãos de ninguém. Dedicando-se a qualquer tipo de arte divinatória você estará entrando profundamente em contato com sua sabedoria interior. Qualquer que seja a resposta que poderá vir a influenciar sua decisão, ela sempre virá de dentro de você e nunca da cabeça de qualquer oraculista, por melhor que ele possa ser.

Se você foi mimado, superprotegido, ameaçado, ignorado, talvez tenha sido programado para não tomar decisões. Mas é possível reverter isso de maneira fácil e indolor. Exercite seu poder de decisão. Faça escolhas e sinta o prazer de satisfazer suas vontades, dominando o medo, a insegurança, a suscetibilidade em relação à opinião ou ao julgamento dos outros. Ouça a sua voz interior e faça com que ela se manifeste em alto e bom som. Decididamente, você é capaz.

Decida-se na Encruzilhada

"A encruzilhada é um lugar sagrado. Ali o peregrino tem de tomar uma decisão. Por isso os deuses costumam dormir e comer nas encruzilhadas.

Onde as estradas se cruzam, se concentram duas grandes energias — o caminho que será escolhido, e o caminho que será abandonado. Ambos se transformam em um caminho só — mas apenas por um pequeno período de tempo.

O peregrino pode descansar, dormir um pouco, até mesmo consultar os deuses que habitam as encruzilhadas. Mas ninguém pode ficar ali para sempre: uma vez feita a escolha, é preciso seguir adiante sem pensar no caminho que deixou de percorrer. Ou a encruzilhada se transforma em maldição."

Paulo Coelho, Maktub[1]

Amarga Vingança

Uh... Tererê!! Uh... Tererê!!! Domingo de sol, Pacaembu lotado, bandeirinhas e bandeirolas na capital bandeirante, parafraseando um antigo locutor esportivo. Camisas alviverdes cobrindo parte das arquibancadas, como uma extensão do gramado; do outro lado, uniformes tricolores emolduram o cenário da festa. O que outrora representaria pouco mais que uma pelada, através da profissionalização crescente e voraz transformou o futebol-arte em mera competição; adolescentes que jogavam pelo prazer puro e simples, hoje se espelham em ídolos nem sempre exemplares, que esbanjam violência e economizam talento.

As torcidas, antes manifestações populares movidas pela espontaneidade e a alegria, são hoje instrumentos da catarse de infelizes e inaptos. Pouco a pouco, transformadas em organizações canalizadoras de agressividade e frustração, tornaram-se mestras em acabar rapidinho com a festa. Um sonho lindo de vitória, subitamente, se reverte em cenário de pancadaria, tristeza e morte.

A mídia sensacionalista abre espaço para os líderes das torcidas uniformizadas, em geral rapazes truculentos e ignorantes que associam violência e agressividade à masculinidade; eles juram vingança. Esperançosos, clamamos pela volta das arenas, onde os gladiadores representavam a massa e tinham, ao menos, o beneplácito de um julgamento, embora ao gosto aleatório do imperador. Polegar para cima, poupado; polegar para baixo, decapitado. Simples como um estalar de dedos, tão estúpido quanto os atuais gritos de guerra; um pouco mais humano, talvez.

Provavelmente influenciados pela geração dos vingadores cinematográficos personificados por Silvester Stallone ou Arnold Schwarzenegger, esses trogloditas sentem-se autorizados a "castigar" seus adversários; mas os castigos pressupõem o estabelecimento prévio de regras a serem transgredidas, com penalidades igualmente pré-estabelecidas e aprovadas não por uma, mas por ambas as partes. A vingança, porém, não tem limites pré-fixados; o "infrator", muitas vezes, sequer entende por que está sendo punido. Assim, além de arbitrária e injusta, torna-se também ineficaz.

"A vingança é um prato que se saboreia frio", afirma o ditado popular. Muitos, porém, a preferem quente. Se, mesmo elaborada com paciência, detalhes e requintes, via de regra o tiro sai pela culatra, imagine no clamor da ira cega e descontrolada! Vingança, como qualquer outra emoção negativa, não serve pra nada e nos impede de viver bem.

Quando eu era criança, costumava ter "muita personalidade". Com menos de dois anos, segundo depoimentos de minha mãe e o testemunho imparcial de meu pai, eu me punha a berrar na hora de dormir, até que o berço fosse removido para a sala, onde eu poderia usufruir de privacidade sem os olhares curiosos de minhas irmãs mais velhas; se meu desejo não fosse atendido prontamente, por pura vingança eu molhava o colchão e sapateava sobre os lençóis.

Comportamentos raivosos se traduziam para mim como "toques de individualidade" que conservei até os oito anos, com a chegada de meu irmão caçula, o pequeno varão que pôs fim ao meu reinado. Mas, rainha de nome e de nascimento, não perdia a pose e continuava confundindo impulso criativo com agressividade. No meu empenho em convencer alguém, não raras vezes, lembro-me ter ouvido de meu pai, em sua sabedoria, com voz suave e fala mansa, um bordão característico. "Guarda a faca!", ele costumava dizer quando eu me punha a argumentar feito uma fita sem fim, articulando rapidamente palavras e pensamentos, arquitetando minhas pequenas e inúteis forras.

Levei exatos vinte e nove anos para aprender a ser mais ponderada e erradicar qualquer sombra de vingança de meus registros vitais. Desde pequena costumava voltar minha ira contra objetos inanimados, era mestra em "me vingar" através da destruição de copos, xícaras, do lançamento de bichos de pelúcia (qualquer que fosse o alvo!), dos chutes nas paredes e nas portas (e do dedão do pé latejante e pulsante, dolorido até não mais poder...). Hoje, quando ouço Adriana Calcanhoto: ("Mentiras") *"Nada ficou no lugar/Eu quero quebrar essas xícaras/Eu vou enganar o diabo/Eu quero acordar sua família/ Eu vou escrever no seu muro/E violentar o seu gosto/Eu quero roubar no seu jogo/Eu já arranhei os seus discos"*[1]... tenho frouxos de riso, embora aprecie muito seu trabalho. Ela própria declarou, numa entrevista, tratar-se de um absurdo levado a extremos, à beira do ridículo, apesar da interpretação séria e compenetrada que conferiu à música.

Olho por olho, dente por dente. É bíblico. Está escrito. Mas, como mais um entre os inúmeros paradoxos de interpretação das sagradas escrituras, o filho do Deus-Pai vingativo, em vez de desforrar-se, ofereceu a outra face. Como, seguindo seu modelo, resistir aos ímpetos de vingança neste mundo agressivo e competitivo?

Quando alguém faz algo que contraria nossas expectativas, sentimo-nos injustiçados e clamamos por justiça como se esta fosse uma entidade viva, com vontade própria, não apenas um valor criado pelo homem. Esquecemos de sua relatividade (aqui me reporto ao médium Antonio Geraldo de Pádua[2], que costumava exemplificar: "Se eu mato uma barata, estou sendo justo para comigo e para com o meu meio-ambiente, mas injusto para com a barata..."), queremos que ela seja uma constante em nossas vidas e cuide de manter nosso equilíbrio, sem que tenhamos de nos esforçar muito para isso...

O terapeuta Wayne W. Dyer enfatiza que a justiça é um conceito exterior usado como forma para se evitar a responsabilidade total sobre a própria vida. Os "injustiçados" adoram vestir a carapuça de vítimas, insistindo em "por que aquilo não aconteceu?" ou "por que Fulano não me fez feliz?". Qualquer que seja a resposta alucinada, ante a "injustiça" da vida, a vingança lhes parece a melhor saída. Como a mulher que idealiza ter um caso extra-conjugal para vingar-se da traição do marido (não muda em nada o fato de ter sido traída e quase sempre representa uma violência contra si própria); ou o funcionário que faz somente o que lhe mandam para "se vingar" do chefe prepotente, deixando de aproveitar a oportunidade de exercer sua criatividade e se desenvolver na profissão; ou o tipo que não telefona para alguém para cumprimentá-lo, já que o "mal-educado" esqueceu "desdenhosamente" do seu aniversário; ou quem deixa de fazer um favor a um amigo porque, quando precisou dele, estava "muito ocupado"; ou a pessoa que compra um presente de valor irrisório para alguém em retribuição a um outro que achou de mau gosto (e que ganhou da pessoa em questão...). Ou, ou, ou, ou...

O lama tibetano Tarthang Tulku enfatiza nossa pouca habilidade ao lidarmos com esquemas competitivos, sempre presentes no mundo moderno ocidental. O importante é competir, diz o ditado, mas muitos de nós só entramos para vencer. E, como maus perdedores, depois clamamos por justiça... ou vingança... Não competimos *com,* competimos *contra.* Deixamos de interagir de maneira cósmica, criando um mundinho particular dentro do qual pretendemos nos isolar (somos o nosso "time"); erguemos barreiras de desconfianças e inimizades, vestimos máscaras, tornamo-nos manipuladores e cínicos. Vemos o mundo através de olhos críticos, quase sempre enfatizando o lado ruim das pessoas, apontando suas falhas e criando uma auto-imagem falsamente superior. Embora derrotados, somos melhores que "eles", o que nos dá o direito de fazer justiça (até mesmo com as próprias mãos!!) através desse instrumento poderoso chamado vingança.

Tanto a sede de justiça quanto a incapacidade de agirmos com lealdade no que se refere às competições propostas pelo dia-a-dia são índices claros da nossa tentativa de fuga no que se refere ao primeiro e fundamental preceito para a felicidade: o de sermos 100% responsáveis por nossas vidas. "O inferno são os outros", afirmou Sartre. *Nós* somos os anjos-bons-maravilhosos-virtuosos à espera de alguém "que nos compreenda, que enxergue nossos valores verdadeiros". Enquanto isso não acontece, vamos tentando equilibrar a balança da justiça às custas de nossas pequenas forras pessoais...

O dar-a-outra-face requer um profundo e demorado treinamento espiritual. Me vem à memória um seriado da minha adolescência, cujo herói pacato, tendendo ao zen, não tenho certeza se faria sucesso nos dia de hoje. Na pele de David Carradine, o mestiço "Gafanhoto", como era chamado por seu mestre, vagava de cidade em cidade pelos Estados Unidos à procura de seus familiares. Criado por um monge chinês após a morte de sua mãe, abraçara, ele próprio, a vida monástica, tornando-se também um mestre nas artes marciais. Escondido sob um chapéu e um casaco surrados e empoeirados — a ação se dava nos tempos do Velho Oeste —, ele enfrentava os pistoleiros sem qualquer arma de fogo e só exibia seus dotes de lutador depois de muita provocação, já que era de boa paz. Vencido o combate, ele prosseguia incólume em seu caminho, sem rancores nem desejos de vingança. Tal como as pessoas verdadeiramente centradas e lúcidas a respeito de seus anseios e convicções, que praticam a humildade e a compaixão, tornando fácil e possível oferecer a outra face sem qualquer mácula ou arranhão físico nem moral.

Outra desculpa esfarrapada para se pôr em prática a vingança é a Lei do Carma. Nessas andanças pelas sendas da espiritualidade, muito se ouve falar sobre esse conceito, na maioria das vezes de forma fatalística e, a nosso ver, equivocada. Para alguns, se fosse possível elaborar um roteiro de filme sobre o tema, o que chegaria às telas seria qualquer coisa como *"Reencarnação II, a Missão"*. Em nome do carma muita coisa nos tem sido empurrada goela abaixo, principalmente o chavão "justiça seja feita".

É incrível o interesse de certas pessoas acerca de suas vidas passadas. Muitos procuram fugir da encarnação presente buscando no passado os fundamentos de todos os seus males atuais. Deixam de agir sensata, produtiva e positivamente em seu cotidiano porque "em algum lugar do passado" existe um "carma negativo" a ser resgatado. Cabe-nos aqui recorrer ao conceito traduzido de maneira fácil e simples pelo Dalai Lama Tenzin Gyatso.

Segundo ele, "carma significa 'conjunto de ações'. Do ponto de vista da sua execução, existem ações físicas, verbais e mentais. Já no que diz respeito aos seus efeitos, elas são virtuosas, não-virtuosas ou neutras. Em relação ao tempo, existem dois tipos: ações de intenção, que ocorrem quando estamos pensando em fazer alguma coisa e ações operativas, a expressão das motivações mentais através da ação física ou verbal"[3]. Ou seja, o carma não é um "pacote pronto" que nos é entregue ao nascer para ser desembrulhado ao longo da vida. É, isto sim, construído a cada momento, sob nossa direta intervenção — principalmente nesta vida —, com o uso de nosso livre-arbítrio. E já que nossas ações mentais também "fabricam" carma, quanto melhores nossos pensamentos tanto melhor nossa vida e o cumprimento de nossa missão nesta encarnação.

Costumo ilustrar a influência das formas-pensamento em nossas vidas valendo-me da seguinte figura: essas "ondas mentais" se propagam no ar tal como ondas de rádio. Se você emite por ondas curtas, está sintonizado com elas — e também fica sujeito a receber mensagens pelo mesmo canal. Quando emite/recebe através da freqüência modulada, essa é a sua sintonia, o mesmo valendo para ondas médias, rádio-amador, etc. Desta forma, ainda que sua vingança não se realize — e você apenas pense em pôr veneno em vez de açúcar no cafezinho daquele colega que foi promovido no seu lugar, como uma doce e inocente vingança —, estará sintonizado com a energia negativa que dela emana. É pouco provável que alguém adoce sua sobremesa favorita com uma dose pequena mas letal de arsênico; mas é bem provável que você se abra a intoxicações alimentares, doenças gastrintestinais, alterações no paladar e outros males correlatos. Assim, ainda que você faça mal a alguém apenas "de mentirinha", vai estar se prejudicando *de verdade* por entrar em sintonia com energias negativas.

"Mas, espera aí, Regina, como é que eu fico? Deixo todo mundo tripudiar de mim e permaneço calada, com cara de pastel e a vingança entalada na garganta?", você pode estar se perguntando. Como diz um amigo querido, em caso de dúvida, tal como um gás nobre (que, na tabela periódica dos elementos químicos, não se mistura com os demais) simplesmente *não reaja*! Muitas pessoas vão à forra desastradamente apenas para cumprir seu papel social, deixando-se manipular, fazendo exatamente o que "os outros" acham adequado que ela faça. *"Mas enquanto houver força em meu peito, eu não quero mais nada/Só vingança, vingança, vingança, aos santos clamar"*[4], como nos versos amargurados de Lupicínio Rodrigues. Somos modelados pelas músicas dor-de-cotovelo, pelos personagens das novelas, dos seriados de TV, dos clássicos do cinema. E vestimos a carapuça.

Perdoar a infidelidade da esposa? Nem pensar,

tá pra nascer quem vai me fazer usar um chapéu de corno... Se possível, mato a infiel em legítima defesa da honra... *(e vou pra cadeia ou, como pena mínima, ganho o desprezo dos meus filhos).* O atraso do cinema eu não perdôo; finjo que não me aborreci, mas faço ele chegar meia hora mais tarde no show da Marisa Monte e perder os ingressos comprados há uma semana... *(Que bobagem, ambos perdem um show incrível!!).* E vou atirar uma taça da vinho na cara da Tininha na próxima vez que ela olhar pro meu namorado *(e desperdiçar uma bebida tão boa, além de ser arrastada por ele para fora da festa e ouvir um sermão, pois duvido que alguém possa se sentir à vontade ao lado de uma pessoa "tão autêntica" assim...).* Será que vale a pena?

A vingança é um jogo perigoso onde só há perdedores. Ela não se baseia numa vontade real e natural a ser satisfeita, mas na satisfação de um desejo que tem origem em emoções desagradáveis, que apenas minam e poluem a nossa energia tais como raiva, cobiça, ciúme, inveja, entre outros. Do desejo insatisfeito para a ofensa, é um triz... E dali, para a vingança, um nadinha de nada... Tal qual os episódios da série *Desejo de Matar (I, II, III, IV, V, CX,...)* protagonizada por Charles Bronson, uma ação vingativa leva a outra como pedalar uma bicicleta. Se você deixa de pedalar, depois de algum tempo ela vai perdendo a velocidade até parar...

Alguém tem de dar o primeiro passo (ou deixar de pedalar) em direção à paz, provavelmente quem estiver mais equilibrado, autocentrado e consciente de seu papel neste mundo. Não importa se "os outros" vão achar que você deveria dar um soco na cara de alguém *(quem vai responder a inquérito policial criminal é você!)* ou cortar os *(seus!!)* pulsos para chocar quem quer que seja e fazê-lo sentir-se culpado. Antes de ir à forra, pense bem: a melhor vingança que você pode arquitetar contra os que não lhe querem bem, é ser feliz...

Ponha de Lado a Vingança

Da próxima vez que se pegar arquitetando uma vingança:

1 - "Mude de estação"...

2 - Identifique o papel social que está encenando e perceba a quem ele satisfaz.

3 - Exagere na elaboração mental da vingança, tornando-na um filme do tipo pastelão, até conseguir dar boas risadas. Depois disso, mantenha apenas o bom-humor em sua mente e coração, apagando a imagem da(s) pessoa(s) objeto de sua vingança e da ação vingativa.

4 - Para você pensar (se ainda estiver em dúvida quanto à validade da vingança):

Era uma vez duas irmãs; uma se chamava Inveja e, a outra, Maria. Certa vez uma bruxa boa apareceu para lhes conceder uma dádiva. Assim, dirigindo-se à Inveja, falou: "A você, Inveja, darei tudo o que pedir". E, voltando-se para Maria, complementou: "E a você, Maria, por sua alma boa e coração amoroso, lhe concedo em dobro tudo o que der a sua irmã". Pouco depois, ouviu-se um grito horrível. Era Inveja, que se contorcia no chão e grunhia. Sem entender, a bruxa perguntou: "Por que fazes isso, criatura de Deus? Pois não lhe prometi satisfazer todos os seus desejos?" "Mas ela vai ganhar em dobro!", retrucou Inveja. "Mas você terá muito trabalho em se ocupar com tudo o que eu lhe proporcionar..." Parecendo conformada, Inveja perguntou: "Darás a ela em dobro tudo o que eu lhe pedir?" "Palavra de honra", respondeu a bruxa. "Pois então eu peço que me fures um olho!!", concluiu Inveja.

Fim.

(Adaptação do relato de Roberto B. O. Goldkorn em seu livro O Poder da Vingança)[5]

Reciclando Sentimentos

Um, dois, três, já...! Corajosamente abro a porta do armário e uma avalanche de roupas e coisas e trecos desaba sobre mim. Casacos, cabides, meias, luvas, gorros, cintos, chinelos, travesseiros, um espartilho de renda rosa-choque, uma bota de oncinha, um par enorme de patins, com trilhos de um verde fluorescente ridículo, um iguana embalsamado, cinzeirinho de hotel, flores secas, maços de cartas, um bichinho de pelúcia. Tento me safar, golpeio a bagunça com os braços a esmo, ameaço chutes desastrados, mas sucumbo absolutamente soterrada e impotente. Socorro, chamem os bombeiros, quero sair daqui!!

Felizmente tudo não passou de um sonho. Sorte a minha, que o iguana empalhado já começava a ganhar vida, vindo roçar aquela pele cascuda no meu rosto, com a crista empinada e a língua sibilante tentando alcançar minha orelha... Arregalo os olhos, mas a cena se repete por uma, duas vezes. Aí me ponho a pensar: "mas que diabo de espartilho rosa-choque era aquele?"

"O sonho é um aviso", já dizia em tom profético o bizarro e nada junguiano comunicador Pedro de Lara[1]... E embora o simbolismo onírico não possa ser interpretado ao pé da letra, algo desconfiada tomo uma considerável distância da porta do armário antes de abri-la e alcançar uma toalha de banho, já que evitar acidentes é dever de todos.

No chuveiro, me ponho a pensar que, muito em breve, esse sonho tão estranho é capaz de se tornar realidade. Minha vida anda entulhada de coisas, de papéis, de pessoas; mais cedo ou mais tarde, ao menor tremor de terra, o desastre irá se consumar. Não raras vezes me curvei para lançar armário adentro uma camisa, um cinto, um pé de sapato que teima em despencar da pilha organizadamente bagunçada. Deixo sempre a arrumação pra depois, vou tocando a vida e acumulando...

Nunca fui pobre, sou filha da classe média que existiu antes dos consecutivos arrochos salariais. Nunca me faltaram roupas, boas refeições, brinquedos, livros. Mas, refletindo sobre o sonho, me vem à memória uma cena da infância que talvez tenha despertado em mim, pela primeira vez, a necessidade de acumular víveres.

Eu era uma criatura frágil e graciosa, de constituição franzina e apetite de passarinho. Embora saudável, minha mãe fazia gosto que eu parecesse forte e saudável, por isso insistia sempre para que eu comesse um pouco mais; quando todos os seus argumentos se esgotavam, ela apelava para uma frase mágica, que enchia meus olhos de lágrimas: "tantos coitadinhos passando fome e você desperdiçando essa comida tão boa, que a mamãe fez com tanto amor..." Aí a saciedade se rendia a mais algumas colheradas, o que, sem dúvida, contribuiu para que eu me tornasse uma mulher de porte médio e acreditasse que sempre é bom manter um estoque de provisões.

Ser precavido é útil, estocar bagulhos é inútil. Talvez eu não tenha conseguido distinguir entre ambos. A distorção da precaução resultou numa forma nociva de acumulação, muito presente na sociedade capitalista: o apego.

Não sou a Imelda Marcos[2] mas tenho algumas dezenas de pares de sapatos; meu pai sempre criticou essa atitude compulsiva, lembrando-me de que tenho apenas dois pés... E, a exemplo dele próprio, homem elegante e vaidoso, eu deveria manter apenas três ou quatro pares de cores diferentes, pregava. Ah, a elegância feminina, eu argumentava! Ela exige modelos de saltos altos, médios e baixos, abertos, fechados, com e sem detalhes, botas, sandálias, sapatilhas, tênis para esportes diferenciados, etc., etc. E haja espaço para estocar todas aquelas caixas, suficientes para montar uma pequena sapataria.

Ainda hoje guardo modelos seminovos, clássicos, alguns sem uso, que me acompanham há, no mínimo, seis anos. Simplesmente não consigo me desfazer deles; ficam ali, como um canhão apontado e na mira, prontos a disparar sobre a minha cabeça ao menor descuido.

Não coleciono apenas sapatos, mas cartas, postais, roupas, utensílios domésticos, bonecos, discos, livros. Morando sozinha eu mantinha um freezer de 320 litros repleto. Me vi livre dos cadernos dos tempos do colegial, mas mantenho as anotações da faculdade. Mas minha maior coleção reúne um incontável número de lembranças. Seria capaz de ficar um dia inteiro divagando acerca dos objetos de uma única gaveta; cada um tem uma história, nem sempre feliz. Por que acumulo infelicidades?

Vai pro lixo esta foto, ele tinha mesmo um sorriso bem idiota. Só de pensar que me deixou com a mala pronta esperando todo o final de semana, sem um telefonema sequer... E aproveito pra jogar fora também esta camiseta que ele me deu, já desbotada de tanto uso. Lixo! Vai junto aquela mágoa antiga; que desperdício de alegrias, de tempo, de energia! Quanto aprendi sobre mim, sobre meu real valor e meu potencial realizador ao deixar ir embora a ilusão de que "ele" iria me fazer feliz! Realmente, aquele sedutor incorrigível não tem mais lugar na minha vida.

Espaços nos armários são fáceis de se conquistar, desde que desempenhemos com afinco e atenção a tarefa de separar tudo aquilo que já não tem uso. Mais difícil, porém, é abrir espaço em nossas mentes e corações, quase sempre entulhados de velhas idéias e sentimentos confortavelmente conhecidos. Apegamo-nos às nossas crenças como o náufrago se agarra à sua tábua de salvação; raramente nos permitimos aprender a nadar...

Precisamos, periodicamente, fazer uma faxina em nossas vidas, de gavetas a sentimentos, de armários a relacionamentos. Conheço uma velha senhora que se desquitou na década de 40. Tempos difíceis, coisa feia mulher desquitada. A principal causa da separação foi o ciúme doentio que ela sentia do marido que, diga-se de passagem, não era santo. O triste desenrolar da história mostrou que ela nunca se desapegou do ex-companheiro; pouco antes de morrer, inválido numa cadeira de rodas, ela ainda nutria a esperança de que ele retornaria aos seus cuidados nada prestimosos, pois almejava mesmo uma vingança por todos os anos que sofreu após a separação... Felizmente Deus levou-o antes; até pouco tempo atrás, ela ainda se referia a ele, "grande amor da sua vida", com expressões rancorosas e amargas, próprias de quem insiste em prolongar a tristeza do passado, sem nunca mais se ajustar às mudanças e ao fluxo da realidade atual.

Ciúme não é, foi nem será prova de amor, mas de apego. O ciumento coisifica o ser amado e coloca uma aliança na mão esquerda do cônjuge, com inscrição e tudo mais, exatamente como se coloca uma plaquinha de licença pendurada no pescoço de um animal de estimação. O símbolo da união perde todo o seu valor espiritual e se reveste do caráter de simples argola no dedo, certificado de propriedade com escritura lavrada em cartório de paz. Já vi pessoas ensaiarem os maiores xiliques se o companheiro "perde" o precioso anel. Posse não pode, nem de longe, ser relacionada a amor.

> *"Teus filhos não são teus filhos.*
> *São os filhos e as filhas da ânsia da vida por si mesma.*
> *Vêm através de ti, mas não de ti.*
> *E, embora vivam contigo, não te pertencem.*
> *Podes outorgar-lhes teu amor,*
> *mas não teus pensamentos*
> *Porque eles têm seus próprios pensamentos.*
> *Podes abrigar seus corpos, mas não suas almas.*
> *Pois suas almas moram na mansão do amanhã,*
> *que não podes visitar nem mesmo em sonho..."*[3]

As sábias palavras de Gibran Khalil Gibran servem de alerta aos pais extremosos que se apegam à sua prole, mesmo quando os filhos já possuem total autonomia de sobrevivência. Tenho amigos que nunca se casaram por não saberem soltar as amarras daquele porto seguro chamado lar paterno; como num processo simbiótico, a mãe — ou o pai — depende do filho(a) para ser feliz, projetando nele suas ilusões de realização. O filho, por sua vez, se acomoda e hesita em viver um amor sensual, amadurecido e rico de novas experiências, pois ninguém será capaz de amá-lo com tanta intensidade e honestidade como a querida mamãezinha; amar, para ele, pode se tornar sinônimo de sofrer.

Apego é fruto da ignorância e causa sofrimento, apregoa o budismo. É doença do passado, das pessoas desesperançadas, que não conseguem abrir os olhos para o presente e não vislumbram futuro, porque "o melhor de suas vidas já passou". Se nos apegássemos somente às boas lembranças, talvez ainda valesse a pena. Mas cultivamos memórias de mágoas, dores e tristezas e as arquivamos intactas, sem retirar delas nenhum aprendizado útil. É como rever um filme triste de que já se conhece o final; se não nos dispusermos a refletir por que Ingrid Bergman abandona Humphrey Bogart ao final de Casablanca, haja lenços de papel, pois a previsível choradeira se repetirá a cada exibição.

"As pessoas estão dispostas a ir para a guerra e até a renunciar à vida por uma causa, mas não podem [ou não conseguem] renunciar às causas do seu sofrimento"[4], afirma o lama tibetano Tarthang Tulku. "Porque existem certas atitudes e preferências de que não gostamos de largar, envolvemo-nos sempre em situações difíceis e experimentamos conflitos interiores. Às vezes renunciamos a coisas importantes — nosso dinheiro, nosso lar, nossas propriedades — sem muita dificuldade. Mas os apegos emocionais — tais como o elogio e a censura, o ganho e a perda, o prazer e a dor, as palavras bondosas e as ásperas — são muito sutis. Estão além do nível físico; existem na personalidade ou na auto-imagem, e não estamos dispostos a deixá-los partir."[5]

Conheço gente bondosa capaz de oferecer o último bocado de comida ou a própria roupa do corpo a alguém, mas que não perdoa "aquela vez que Fulano me disse aquele desaforo"; e não permite que sua filha adolescente mantenha amizade com o filho da vizinha porque ele é homossexual; e nunca mais visitou a prima querida da infância porque, iniciada no candomblé, "agora deu de se envolver com coisas esquisitas, ligadas à macumba".

"Temos também certas atitudes e preconceitos, geralmente escondidos, de que não gostamos nem sequer de tomar conhecimento. Nossos apegos exercem uma influência magnética que nos retém num lugar como se estivéssemos na prisão. É difícil dizer se essa força controladora provém de nossos atos passados, do nosso medo da morte ou de alguma origem desconhecida; o fato é que não podemos nos mover — e, assim, toda a sorte de frustrações e conflitos nos ataca, criando mais frustração e mais sofrimento"[6], conclui Tulku.

Apego é, sem dúvida, atraso de vida. Aos que pensam que acúmulo é sinônimo de prosperidade, é importante saber que ser próspero não se relaciona ao ato de reter, mas de deixar fluir. A avareza é própria dos que acreditam que, num dado momento, alguma coisa pode faltar. Os mesquinhos não acreditam na abundância do Universo; são os que enfrentam três horas na fila do gás engarrafado em tempos de greve dos petroleiros, mesmo que possuam um estoque de um ou mais botijões. Acreditam que a greve e a escassez vão durar "para sempre".

O terapeuta Wayne W. Dyer observa : "Se temos alguma falta é porque estamos nutrindo pensamentos de nada e esse tipo de pensamento sempre amplia o vazio. Podemos nos expandir de maneira mais satisfatória, concentrando-nos na inteireza e compreendendo que não podemos possuir nada, jamais. Isto não exclui sentir grande prazer nas coisas que acumulamos ou das quais nos apoderamos temporariamente."[7]

O apego, por vezes, faz com que a pessoa se comporte como um sitiante que dispõe de dois alqueires de terras férteis e ali resolve plantar 900.000 mudas de pinheiros. Sob o rigor dos limites e sem espaço para crescer, haverá uma seleção natural e apenas algumas árvores sobreviverão. O sitiante próspero, ao contrário, amplia a demarcação de suas terras antes mesmo de estocar mudas; através do trabalho constante e bem planejado, conseguirá realizar sua floresta de pinheiros, expandindo cada vez mais seus horizontes.

"Tudo está sempre em estado de trans/formação, inclusive o título que detemos de nossa propriedade, todos os nossos brinquedos, nossa família, nosso dinheiro, tudo", arremata Dyer. "Tudo em transição. Tudo circulando, caindo em nossos braços para que deles desfrutemos momentaneamente e, em seguida, lançá-los de volta à circulação. Quando internalizamos esta noção de não sermos capazes de possuir nada, ironicamente isso nos liberta para termos tudo que quisermos, sem a preocupação de possuirmos. Logo descobrimos a alegria de passar adiante e dele compartilhar. "[8]

Catherine Ponder, autora do *best-seller "Leis Dinâmicas da Prosperidade"* nos dá a receita da "lei do vácuo para a prosperidade". Segundo ela, a natureza abomina o vácuo e se ocupa de preenchê-lo; se sua vida estiver entulhada, não haverá como provê-la de prosperidade. Assim, "livre-se do que você não quer para dar lugar ao que você quer. Se houver roupas no seu armário, ou se houver mobília em sua casa ou em seu escritório que você acha que não servem mais; se houver pessoas de suas relações que deixaram de ser agradáveis, comece a eliminar as coisas materiais ou não de sua vida, na esperança de que você poderá realmente possuir o que você quer e deseja. Muitas vezes é difícil saber o que se quer, até o momento em que nos livramos daquilo que não queremos."[9]

Quem resiste ao fluxo da vida, somatiza entulhos emocionais na forma de acne, aneurisma, arteriosclerose, artrite, artrose, cálculos, coágulos, cravos, enfisema, fibroma, hematomas, hemorróidas, obesidade, prisão de ventre, trombose, varizes, entre outros. Usamos várias desculpas para justificar nossos apegos e nossa resistência às mudanças, como bem observou a terapeuta maericana Louise Hay[10]. Adotamos atitudes que disfarcem nossa rigidez "mudando de assunto" ou ficando doentes; perdendo tempo com hipóteses *("isso não adiantaria nada");* reforçamos nossas crenças com generalizações *("isso não é direito/não sou esse tipo de gente");* adiamos decisões importantes *("mais tarde eu faço/não tenho tempo para pensar nisso agora");* resistimos, negando a possibilidade de mudanças *("não adiantaria nada/não há nada de errado comigo").* Com isso repetimos sintomas até materializá-los sob a forma de doenças.

Após refletir sobre o apego, me sinto mais leve, revigorada. Escolho uma mala pequena e me preparo para um fim de semana prolongado. Nunca foi tão fácil escolher o que levar, com meia dúzia de peças sou capaz de inventar mil combinações e permanecer elegante como se dispusesse de um guarda-roupas inteiro. Desapegar nos torna criativos, abre espaço em nossas vidas para o novo e para a arte de improvisar. Aproveito para aliviar cabides, gavetas e prateleiras de algumas cargas extras; separo uns bons pares de sapatos para quem precise deles. Releio com atenção cartas e bilhetes afetuosos; registro dentro de mim as palavras, sensações e imagens, depois me despeço. Sei que agora essas emoções vão comigo a qualquer lugar, para todo o sempre... Como bem diria Louise Hay, *"Na infinidade da vida onde estou, tudo é perfeito, pleno e completo!"*[11]

Para Você Desapegar

1 - Limpe gavetas, armários, porões. Doe objetos com satisfação e generosidade. Abra espaços para o novo. Lembre-se: "Todas as suas ações, boas ou más, voltarão para você triplicadas."
2 - Examine fatos da sua vida onde predominam lembranças de emoções negativas e pergunte a si mesmo: "O que eu posso aprender com esse fato?" Quando achar a resposta, observe novamente a questão e perceba se a emoção negativa se esvaziou.
3 - Exercite a criatividade. Experimente, por exemplo, por uma semana, criar cardápios variados empregando apenas quatro ou cinco ingredientes diferentes. Desapegue-se de velhos e cômodos hábitos.

A Armadilha da Crítica

"Que vestido lindo!! Você parece bem mais magra com ele..." Felizmente, nunca padeci de obesidade e a única coisa que pude pensar ao ouvir a frase disparada por uma gordinha de sorriso maldoso foi "ela só pensa naquilo..." Mesmo assim senti algum incômodo quando meu namorado manifestou um misto de surpresa e decepção ao apreciar — se é que se pode usar o termo — minha fotografia na Carteira de Trabalho. Eu tinha então 20 aninhos e hoje, a caminho de literalmente dobrar o cabo da boa-esperança, não seria capaz de imaginar que alguém pudesse me achar mais bonita que naquela época de esplendor juvenil. "Como você era... gorda!", ele balbuciou. Achei graça, pois se bem me lembro, estava por volta dos 60kg, cerca de apenas 3 ou 4 acima do meu peso atual. Será que agora ele me considera "cheinha"? (digamos assim, de maneira eufemística...) "Fofa"? "Gorduchinha"? "Gostosinha"? O fato é que a indústria da moda e da vaidade, desde os tempos de Twigg, a célebre modelo magricela da década de 60, instituiu a magreza como sinônimo de beleza. Assim estamos sempre dando ouvidos às críticas, querendo perder no mínimo dois quilinhos, queixando-nos de nossos excessos e tornando-nos infelizes por eles...

"Pula, Beluga!!", gritava à beira da piscina o garotinho sardento com ar sapeca para a tia miúda e fofinha que recém dera à luz um lindo menino. Estranhei o apelido "carinhoso" (a tia era minha xará) e fiquei pasma ao ser informada que beluga era uma espécie de cetáceo, uma baleia branca, traduzindo para o popular. O sardentinho, garoto de bom gênio e bom coração, esperto e intelectual, adorava a tia e vice-versa; mas parecia algo enciumado com a chegada do novo herdeiro. "Pequena-Baleia-Branca", traduzida ao gosto dos indígenas norte-americanos, fora a alcunha encontrada por ele para manifestar a co-existência de seu afeto e indignação.

Tenho uma querida amiga que durante muitos anos foi apaixonada por um rapaz bastante bonito, atlético, desses que teriam papel garantido em qualquer comercial de perfume masculino. Infelizmente, na época, ele não correspondia a essa paixão. Concluída a faculdade, ficaram anos sem se ver, até se reencontrarem subitamente empurrando carrinhos de supermercado. Ela, em pleno exercício da auto-estima, tomara um bom banho de loja e ganhara um corpo bem modelado às custas das aulas de jazz e aeróbica, enquanto ele... O encontro foi literalmente chocante. "Como você está bonita!!", ele exclamou. "Como você está... careca!!!", ela revidou.

Eu poderia contar dezenas de historinhas assim (não digo centenas porque o espaço aqui não me permite), pois coleciono há anos pérolas dessa natureza. Mencionei apenas algumas, que oscilam entre um toque de crueldade e de velado bom-humor, embora outras sejam revestidas somente pelo mais amargo e cruel ressentimento. Minha facilidade em arquivar esses casos advém da minha própria natureza crítica, mordaz, às vezes impiedosa. Resolvi me debruçar sobre o tema para ver se consigo acender pelo menos uma pequena luz no túnel escuro que abriga minhas perversas observações.

Como operária das palavras, tenho receio do poder que lhes confiro. Feito hábil artesã, trabalho com esmero para empregá-las com o sentido mais preciso e fiel de seus ricos significados. Às vezes não atinjo minhas vítimas, protegidas pela própria ignorância. Mas meu instrumental é imensamente variado, possuo chaves de todas as bitolas para apertar e apertar... até estrangular totalmente o parafuso, que corre o risco de espanar ante a força desmedida de uma crítica feroz...

O excesso de senso crítico me valeu uma incômoda barriguinha, expressão psicossomática, segundo os entendidos, do (mau) hábito de criticar. Sou tão crítica, que sempre critiquei os críticos profissionais. Sempre me referi a eles como uns incompetentes. Gente que não é capaz de desenhar um gatinho a partir de um 8, mas que fala mal do estilo das pinceladas de um artista plástico inovador; que desafina ao cantar o "Parabéns a Você" e sequer sabe a letra do Hino Nacional, mas é capaz de meter a boca num dos melhores intérpretes da MPB que foi infeliz — de acordo com a sua opinião e seu padrão estético — na escolha do repertório, incluindo uma ou duas músicas que certamente não serão tocadas nas FMs nem nas discotecas da moda; que não conseguem mudar de expressão na vida real (nunca se sabe se estão alegres, tristes ou com dor de barriga), mas que destroem os monstros sagrados do teatro ou da TV apoiando-se em suas falhas pessoais ou qualquer outra besteira. Diante desses maus exemplos, é sempre bom lembrar — lembre-se disso você também, Regina — o velho ditado que diz *"macaco, olha antes o teu rabo!!"*

Eu era menina e uma vez ouvi do sambista e empresário Sargentelli, numa entrevista, um depoimento inconformado afirmando que, por mais criterioso que fosse na seleção das suas "mulatas que não estão no mapa", como bem propagandeava, sempre havia um estrangeiro na platéia que ficava procurando defeito nas beldades tropicais, achando "que a unha do dedão do pé direito não estava bem pintada"... Ah, os perfeccionistas, que raça crítica e complicada. Posso criticá-los à vontade, até bem pouco tempo eu era uma perfeccionista de carteirinha...

À maneira de Euclides da Cunha, eu diria que o perfeccionista é, antes de tudo, um chato. "Tudo o que vale a pena ser feito, vale a pena ser perfeito" é seu lema. Estabelece para si ou para os outros metas irreais, muitas vezes insensatas e as persegue de maneira neurótica, criando ansiedade e obsessão. Miriam Elliott e Susan Meltsner[1], duas estudiosas americanas do tema, resumem de maneira "perfeita" como se comportam os tolos perfeccionistas, destacando quatro categorias: o perfeccionista de desempenho, cujo lema é *"eu sou o que faço... perfeitamente";* o de aparência, *"eu sou a imagem que passo para os outros";* o interpessoal, *"eu sou perfeito, os outros são uma porcaria"* e o perfeccionista moral: *"eu sigo sempre todas as regras"* (que chato!!).

É claro que, pensando dessa maneira (e agindo em concordância com ela), muitas críticas ferinas são lançadas sobre "os outros" que insistem em permanecer na sua mesquinha imperfeição, não se esforçando para "melhorar cada vez mais". Essas flechadas certeiras encontram nesses estereótipos a motivação para sua existência e persistência. Os que se acham perfeitos estariam no direito de criticar tudo aquilo que não está em consonância com o seu modelo de mundo ideal.

Há, porém, os que buscam a perfeição de maneira saudável, sem o perfeccionismo obsessivo. Estes são conscientes de si mesmos e de suas limitações (treinarão dez horas por dia até aprenderem o ângulo certo para a cobrança de um escanteio), aprendem com suas imperfeições (encaram o erro como uma etapa natural do aprendizado), aceitam e apreciam a orientação de outras pessoas (tendo o bom senso de discernir o que é válido ou não para seu crescimento), são capazes de relaxar, de se divertir e de levar uma vida equilibrada e confortável. O perfeccionismo desmedido gera tensão e caos interior ao mínimo sinal de que nem tudo pode ser controlado...

"Aquele que estiver sem pecado, que atire a primeira pedra..." As célebres palavras de Jesus, reportando-se ao grupo que estava prestes a apedrejar a adúltera, deveriam ser lembradas e usadas como um freio automático toda vez que o vírus da crítica se fizer presente incomodando-nos com aquela coceirinha na garganta e uma dose extra de veneno a escorrer pelo canto da boca. A verdade não é patrimonio de nenhum de nós; antes de se tornar parte do nosso "acervo particular", ela passa por processos de generalizações, eliminações e distorções, conforme codifica a Programação Neurolingüística.

As experiências pelas quais passamos criam a nossa realidade; nosso "mundo real" é formado de algumas poucas coisas que experimentamos, quer por escolha própria ou como conseqüência de um estímulo qualquer. Sem capacidade física, mental e até mesmo temporal de experimentar uma quantidade maior de situações, nos comportamos muitas vezes como a raposa em confronto com as uvas verdes da célebre fábula. O astuto animal vê-se diante de uma magnífica parreira; os cachos de uva maduros e suculentos lhe dão água na boca. Por mais que tentasse, porém, a raposa não consegue alcançá-los. Ante a sua frustração, declara: "não tem importância, já que as uvas estão muito verdes mesmo..." E sai rastejando, morta de vontade.

É comum aos críticos esse tipo de comportamento; resulta no clássico "não comi e não gostei" ("Como você consegue comer ostras? Argh...", observa o crítico. "Já provou? É uma delícia!", retruca o degustador. "Não, jamais conseguiria comer algo assim tão nojento", responde o crítico, enquanto se delicia com um pedaço de carne de porco envolta por uma camada de banha...) Por trás de cada crítica se esconde uma confissão de incompetência. "Vai saltar de pára-quedas? Você é um louco!!" (tradução: "Eu não tenho coragem suficiente para saltar de pára-quedas"). "Que loira maravilhosa!" afirma o solteirão mais cobiçado do pedaço. E a mulatinha de cabelos curtos e encaracolados que o acompanha detona: "Aposto que é burra!". Habitue-se a se observar quando veste a carapuça do crítico: reveja sua expressão, seu tom de voz, suas palavras. Nossas críticas constituem um roteiro útil acerca de nossas limitações.

Relacionamentos parecem trazer em si uma dose implícita de criticismo. A fim de "melhorar" o outro não economizamos nossos pareceres (nem sempre técnicos) quanto a isso ou aquilo. "É melhor ouvir isto de alguém que te ama". "Se eu não te amasse tanto, não te diria isto". "Espero que você não se ofenda, mas... " "Digo isto para o seu próprio bem." Quantas vezes já não ouvimos — ou pior, dissemos — frases assim? Adequar o outro ao nosso modelo de mundo... que confortável! Nem que seja à custa de transformá-lo num fantoche, um bobalhão sem vontade própria, altamente manipulável, símbolo do nosso domínio e do nosso poder. Já vi casais "perfeitos" em meio a observações do tipo "cale a boca, querida, às vezes você é tão bobinha..." Ou "ele é assim mesmo, gosta sempre de bancar o palhaço." E os apelidos carinhosos? "Meu elefantinho!" (referindo-se ao marido barrigudo); "Minha coelhinha!!" (namorado para a namorada dentuça).

Você já percebeu a quantas anda a convivência familiar em relação às críticas? Já vi fedelhos chamarem seus pais de idiotas simplesmente porque eles abaixaram o som da TV ou esqueceram de fechar a porta do sacrossanto quarto do adolescente malcriado em questão, enquanto este tagarelava ao telefone. Já vi meninas cuspirem na cara de suas santas mãezinhas elogios como "gorda", "velha", "feia", sem o mínimo respeito. Já vi casamentos acabarem por coisas tão insignificantes quanto a maneira de apertar a pasta de dentes. Se você está bem intencionado numa relação, não dá tanta importância a um pedaço de lata recheado com uma gosma mentolada. É possível enxergar além da crítica as coisas que realmente têm importância. Mas, neste nosso mundo de ilusões e aparências, é mais fácil criticar que aprender com o erro ou aceitar as limitações alheias e as nossas próprias.

Uma conhecida desquitada, beirando os 50, estava louca para arranjar um namorado. No entanto, ninguém parecia bom o suficiente para ela, pessoa de posses e altamente intelectualizada. Acompanhei, durante sua árdua trajetória (que persiste até hoje), as críticas mais curiosas. Determinado pretendente não lhe parecia bom porque era malufista; outro parecia um velho resmungão, repetia sempre a mesma coisa. O terceiro — este o mais engraçado, indicado por uma agência de casamentos — foi descartado porque usava um anel na mão direita e era maçom *("Que diabo é essa tal de maçonaria?"* ela me perguntara depois de franzir o nariz ao pronunciar com desdém e boca torta a palavra *maçom...)* Como diz sabiamente Caetano Veloso, "narciso acha feio o que não é espelho..." Desperdiçamos valiosas oportunidades de crescer e aprender ao disparar aleatoriamente nossas críticas. Pensamos em nos livrar do veneno enquanto envenenamos não apenas os outros, mas nós próprios.

Aprendemos a criticar desde pequenos, afinal não era assim que se comportavam nossos pais, parentes e educadores? "Você é bom aluno, mas seria melhor ainda se caprichasse um pouco mais nos deveres". "Você é bom filho, mas não perde a mania de se emporcalhar todo quando brinca". "Ela é uma boa mulher, mas não cuida da aparência". "Ele é um bom marido, mas só sabe assistir ao futebol aos domingos". "Que bolo lindo! Foi você mesma quem fez?" "Às vezes você me surpreende! Como conseguiu ter uma idéia tão boa dessas?" A fim de nos "educar", inúmeras vezes um elogio vem acompanhado de um *mas...* (para que não fiquemos "de bola cheia" e paremos bem no meio do nosso caminho evolutivo...)

As críticas são os fatores mais influentes no processo de tomada de decisões limitantes. Inconscientemente eu posso "decidir" aos oito anos que não sei (nem quero saber) cantar, porque ouvi de minha avó um comentário do tipo "tão bonitinha, mas tão desafinada"; ou "ela não canta bem como a Heleninha"; ou "ainda bem que ela quer ser médica..." Aos sete, oito anos, é difícil vencer as barreiras impostas pela reprovação dos outros. É assim que surge a tal autocrítica, que nos impede de fazer as coisas que apreciaríamos mas "não ficam bem". Sucumbimos não apenas ao peso do senso crítico alheio como do nosso próprio.

Toda crítica traz em si um fundo de reprovação; a famosa "crítica construtiva" não existe. Se alguém está tentando fazer uma coisa e você diz assertivamente "desta maneira é mais fácil", não se trata de uma crítica, mas de um ensinamento, algo muito mais proveitoso do que "não é assim que se faz". Além disso, conforme afirma a psicóloga americana Jennifer James[2], existem pelo menos dez maneiras certas de se fazer uma determinada coisa. Se a esposa, durante uma viagem, diz ao marido "este não é o melhor caminho" ou "este não é o caminho certo", pode estar faltando com a verdade. O atalho escolhido pelo marido talvez não seja o mais curto, mas o mais aprazível (neste caso ela estaria tomando a palavra "certo" como sinônimo de "curto"). Aprenda a pôr em dúvida as críticas. Não dê força a elas, não acredite em tudo o que lhe disserem.

"Filha, não franza o nariz, você vai ficar toda enrugada!" "Melhor ficar enrugada que ter essa cara de velha toda enferrujada como você!" No ataque, a melhor defesa. Construímos castelos de insultos, verdadeiras torres de Babel, que tornam nossos relacionamentos cada vez mais difíceis; às vezes criticamos por puro e simples prazer. E nos tornamos hábeis nesse jogo em que só se tem a perder.

"Nem tanto ao mar, nem tanto à terra", ouvi centenas de vezes da doce e mansa fala libriana de meu pai. O caminho do meio; o bom senso; o equilíbrio. Quem atinge essa sabedoria não precisa criticar nem permite ser criticado; não perde tempo com fofocas nem se considera o dono do mundo. Abra os braços, respire fundo e tente de novo, de maneira diferente, sempre. Seja seu próprio dono e admita não saber tudo. Essa é a melhor maneira de fugir da armadilha das críticas.

Exercícios Anti-Críticas

1. Anote suas críticas sempre que se perceber lançando seus petardos contra alguém. Reflita sobre elas e observe suas limitações em relação ao que foi criticado.

2. Duvide das críticas. Sempre que alguém tentar atingi-lo com seu espírito crítico, pergunte a si mesmo: "Será???"(que o que ele está falando é realmente como ele está dizendo?)

3. Simplesmente dê de ombros e ignore o que está sendo dito. Ou experimente resignificar a crítica. (Ex.: "Se eu fosse você, não usaria um vestido tão provocante" pode significar "Como tenho varizes e acho feio mostrá-las e estou com 60 anos, não posso usar minissaia").

4. Concorde com o crítico interlocutor, por mais estúpida que a observação lhe pareça. E aproveite para se divertir com a cara decepcionada do "Dr. Sabe-Tudo"...

Aprendendo a Só Ser

O telefone toca. Do outro lado da linha, uma voz tênue e inexpressiva começa a sussurrar uma série de acontecimentos tristes, entremeados por soluços e choro. Um rosário de infelicidades é apresentado; uma coisa leva a outra, e assim minha infeliz interlocutora vai relatando como tudo não dá certo em sua vida. Ouço pacientemente, afinal muito daquela história se parece com a minha própria de tempos atrás. É fácil diagnosticar o mal que aflige a frágil criatura: trata-se de um surto de solidão, para o qual os melhores antídotos são o tempo e a reflexão, por vezes dolorosa.

Finalmente desligamos. Ecoa na minha cabeça a voz comovente de Alceu Valença repetindo o refrão: *"A solidão é fera, a solidão devora/ É amiga da noite, prima-irmã do tempo/E faz nossos relógios caminharem lentos/Causando descompasso no meu coração..."*[1] De fato, quando se está desesperadamente só, o tempo custa a passar. As noites são intermináveis e em geral velamos por elas como se, ao encará-las, acelerássemos o relógio, trazendo a luz do novo dia e renovando as esperanças.

Dor de solidão é visceral porque nenhum sentimento é experimentado tão intimamente. Medo, raiva, amor, alegria, quase sempre são exteriorizados e compartilhados. Abandono, impotência e amargura ficam corroendo os solitários, arrastando-os ao fundo do poço como uma pesada âncora da qual não se podem libertar.

Que caminhos nos conduzem à solidão? Em muitos casos, "estar sozinho" não é sinônimo de "ser solitário". E há muita gente que experimenta a contragosto esse sentimento, mesmo estando acompanhada... A psicoterapeuta junguiana Raissa Cavalcanti aponta dois tipos básicos de solidão. O primeiro é de origem infantil, fruto de carências e do sentimento de abandono desenvolvidos na infância, que reflete a história pessoal do indivíduo, o modelo de mundo criado a partir das experiências do seu passado. O segundo é resultante de um processo de diferenciação do ser humano; quanto mais elevado o seu nível de consciência e compreensão, maior a dificuldade de encontrar interlocutores para partilhar idéias e expectativas. Apesar de todos os seus conhecimentos, esse indivíduo se vê, aos poucos, "falando com as paredes" e vai se fechando. Pode chegar ao extremo de tentar refrear seu desenvolvimento ou até mesmo regredir, para novamente se integrar à massa dos "simples mortais". Tentativas assim, em geral, resultam inúteis. Esse tipo de solitário precisa entender que pessoas diferenciadas existem em menor número mesmo. O remédio é persistir na procura e fluir com o tempo...

Recolhi muitas histórias curiosas de sozinhos e solitários. Como o exemplo de Vicentina, uma amiga na faixa dos 60 anos, viúva, que mora com a filha solteira. Sua principal reclamação diz respeito aos finais de semana intermináveis... Nos outros dias, dividida entre os afazeres domésticos e as aulas de italiano, nem sente o tempo passar, mas sábado e domingo é fogo, principalmente se os programas da filha não admitem a sua companhia.

Vicentina enviuvou aos 50 e sofreu muito com a doença e a morte do marido. Nunca pensou em ter um outro companheiro, mas também não se fechou para a vida. Alegre e jovial, fez cursos de pintura em tela, em porcelana e o básico de italiano; nesses ambientes esperava encontrar uma amiga disponível com quem pudesse fazer programas simples como ir ao cinema, ao teatro ou fazer uma viagenzinha. A maioria das senhoras da sua idade, porém, têm compromissos familiares nos fins de semana. Quando não é o marido, são os filhos e netos. Vicentina é livre e desimpedida e não sabe direito o que fazer com essa liberdade. Não sai nem viaja sozinha, não dirige mais ("os filhos ficavam preocupados", porque ela só aprendeu a dirigir quando enviuvou), nunca passou a noite na casa de uma amiga. "No meu tempo uma moça não ia sozinha ao cinema ou a um restaurante. Gosto de ter companhia até para ir ao médico". Reclusa e protegida em seu castelo, ela sente-se só.

Raissa Cavalcanti considera saudável, para combater a solidão na Terceira Idade, que essas pessoas se reúnam para trocar suas experiências e juntos vivenciar momentos de lazer, pois elas possuem um histórico comum, costumes e hábitos que marcaram uma época e que podem ser resgatados e revividos de maneira prazeirosa e divertida. "No Brasil as pessoas ainda colocam restrições a esse tipo de atividade, mas nos Estados Unidos é muito comum", arremata Raissa. Vicentina discorda. Freqüentou durante certo tempo um grupo de Terceira Idade, que no começo foi interessante, pois organizava passeios, palestras, bingos, chás. Depois tornou-se monótono e ela já não agüentava mais "ver tanta velharada". Ainda assim, persiste na busca de uma "companheira de farra", embora considere já ter tentado de tudo para encontrá-la. "Só falta pôr uma placa no pescoço com a inscrição *'Procuro companhia',*" afirma bem-humorada.

Gaspar é advogado de formação, funcionário público de profissão. Tem 37 anos, mora sozinho há 9, depois de um casamento de 3 anos. Quando a união se desfez, ele amargou por cerca de 6 meses um profundo processo de solidão. No desespero, chegou a pensar em dividir o espaço com um amigo. Desistiu depois de relembrar certos acontecimentos desagradáveis dos tempos de república quando cursava engenharia em Itajubá. "Pesou muito a falta de liberdade", conclui.

Em nome da liberdade que foi retomada acidentalmente como resultado da separação, viver só tornou-se, mais tarde, uma opção. Uma escolha bem-sucedida às custas dos amigos sempre presentes em sua vida. Gaspar trabalha o dia inteiro e geralmente faz cursos à noite. Não tem tempo para ficar só. Curte algumas atividades solitárias que alimentam suas manias; coisas deliciosamente tolas como encher um carrinho de supermercado com bobagens pouco nutritivas ou andar nu pela casa quando bem entende. "Gosto de estar só para ler ou ver TV. Já para almoçar, jantar, bebericar ou jogar conversa fora (óbvio!), somente bem acompanhado."

Quando a solidão bate na porta, Gaspar não a deixa entrar. Sai correndo, literalmente; pega o carro e vai dando voltas sem destino pela cidade. Ou visita amigos, parentes. Ou os arrasta para dentro de casa. "O melhor antídoto contra a solidão? Boa companhia!", responde alegremente.

Cecília é mais um exemplo de que sozinha não é sinônimo de solitária. Na década de 80 ela deixou a casa dos pais por livre e espontânea vontade, dividindo um apartamento com uma amiga. Nessa fase, com 20 e poucos anos, mesmo estando acompanhada, experimentou momentos de solidão que hoje considera resultantes "das crises de querer viver uma paixão, de sentir necessidade de estar com alguém especial." Hoje, aos 39, tendo escolhido morar só, sente-se confortavelmente bem. Sua única preocupação tem sido policiar seu nível de exigência, pois por vezes teme tornar-se intransigente. A exemplo da personagem-título vivida por Meg Ryan no filme *Harry & Sally - Feitos Um Para o Outro,* algumas vezes Cecília se surpreende na situação da fala inocente "eu só quero como eu quero..." Por isso, exercita sua flexibilidade respeitando o ponto de vista dos outros para poder exigir que o seu também seja respeitado. Mas não se faz de capacho: defende e expõe suas idéias com firmeza, já que não depende de uma companhia a qualquer custo. E se dá o direito de ser seletiva em relação às amizades para passeios ou viagens.

Bem diferente de Vicentina, quando quer "estar no mundo" faz um programinha em sua própria companhia. Freqüenta restaurantes, curte vitrines, faz compras e vai ao cinema absolutamente só — até prefere! —, sem qualquer restrição ou problema. Adora incomodar os garçons desavisados (aqueles que, ainda pouco acostumados com uma mulher sozinha à mesa, desdobram-se em atenções tornandose inconvenientes); por isso, não se reprime quando tem vontade de apreciar uma boa massa ou uma deliciosa refeição japonesa, embora tenha que responder várias vezes à pergunta "A senhora está esperando alguém?"

Também visita a família e faz programas com amigos quando está a fim. Senão, curte sua casa, as plantas, experimenta novas receitas ou se distrai copiando um modelo de vestido que viu numa revista ou montando criativas bijuterias. "Ocupo uma parte tão grande do meu tempo com o trabalho, o trânsito ou me dedicando às pessoas — quando sou solicitada — que sobra pouco tempo pra mim. Sinto falta de mais horas para dormir e mais tempo livre para outras atividades que gostaria de desenvolver."

Quanto ao fato de estar tão bem desde que está morando só, Cecília atribui ao seu equilíbrio interior. "Ainda há muito a melhorar, mas estou numa fase ótima e aproveito bastante, porque sei que tudo é cíclico. Tomara que seja bem duradoura..."

Essa paz interna foi conquistada através de algumas leituras e um único curso de auto-ajuda. No mais, ela procura se agradar, fazendo o que gosta como e quando bem entende. Alguma recomendação aos solitários? "Considero um sintoma de solidão aquela mania de quem está sozinho e não sabe apreciar a quietude, sempre necessitando se ocupar. Alguém que chega em casa e liga o rádio ou a TV compulsivamente ou se mete a arrumar coisas, sem deixar um tempo livre para relaxar e apreciar a vida. O melhor conhecimento do eu promove a satisfação interior e faz com que nos tornemos boas companhias para nós mesmos", arremata.

Para Silvia, 50 anos, que mora com o filho que pouco vê, devido a incompatibilidades de horários, a solidão independe de ter ou não pessoas ao seu redor. É uma emoção desagradável mantida pelo desânimo, a falta de realizações pessoais. Ao longo do tempo, ela foi desenvolvendo diversas atividades que considera criativas e prazerosas: aulas de hidroginástica, participação num coral, causas sociais e humanitárias. Tanta atividade não seria uma espécie de fuga?, pergunto. "Para mim foi a maneira de descobrir o que eu quero da vida. Quando a pessoa está sozinha, fica mais fácil perceber suas verdadeiras vontades e necessidades, ao contrário de quando se está num processo simbiótico, em que se deposita muita energia para estar com alguém. Quando perdemos o companheiro que representava 'nosso ideal' de realização, eis um ótimo momento de crise para reavaliar e retomar a própria vida", conclui.

A busca da alma gêmea, andou na moda recentemente, tornando-se quase uma obsessão nacional. Para a astróloga cármica Dulce Regina[2], autora do livro *Alma Gêmea — O Encontro e a Busca,* não é possível programar o encontro do parceiro ideal. Segundo Dulce, o espírito, centelha divina e una, é feminino e masculino, yin e yang. Ao reencarnar, ocorre a divisão. Aí as duas metades vão empreendendo a busca eternamente, porque a metade feminina pode reencarnar num plano ou época diferente da metade masculina. Mesmo assim, uma parte sempre está ligada à outra. Portanto, aviso aos solitários: *ninguém está sozinho neste mundo...*

Meu amigo Luis está por volta dos 50 e também mora só. Assim como Silvia, considera o fato circunstancial e momentâneo, não é uma escolha "para sempre". É aberto para o que der e vier. "Quando se está acompanhado, maiores são as chances de você se trabalhar, pois o confronto com o outro é muito esclarecedor. No esforço de comunicar o que quer que seja ao outro, você comunica também — e principalmente — a você mesmo. A relação humana é mais produtiva no sentido de favorecer o autoconhecimento".

Luis me sugere a figura emblemática do Ermitão, arcano IX do tarô. Comento com ele esta minha impressão e recebo a reprimenda "Alto lá! O Ermitão não é o arquétipo do solitário, mas representa o grau de amadurecimento psicológico que lhe permite elaborar um ninho em si próprio de onde ele entra e sai à vontade. É o apanágio do(a) velho(a) sábio(a) que lapidou sua caverna dentro de si mesmo, encontrando abrigo e proteção em si próprio." Bingo!! Mas ele não é a própria personificação do Ermitão?

Ligo para Edmundo, 37 anos. Atualmente reverendo Edmundo, da German Catholic Churchil. Pergunto sobre sua experiência monástica de tempos atrás quando decidira testar sua vocação para padre. Os monges, em seu processo de reclusão, tornam-se solitários?, questiono. "A idéia do claustro monástico é a de colocar o indivíduo fora do convívio social para que ele possa ficar sozinho com Deus, dando-Lhe a oportunidade de se manifestar para o monge de maneira mais efetiva. É uma solidão aceita, mas não imposta. É conquistada, ativa, não é passiva", completa.

Ninguém é convocado a tentar ser um monge católico, segundo Edmundo. Quem considera ter alguma vocação religiosa submete-se a testes para ver se a inclinação é legítima e não resultante de algum tipo de desvio mental ou social. No seu caso, de acordo com sua formação teológica, ele procurou vivenciar a integridade divina, que só conhecia através dos livros. Embora tenha considerado a experiência absolutamente enriquecedora, Edmundo não quis abrir mão de compartilhar experiências sexuais com uma companheira, conforme impõe o celibato defendido pelo catolicismo. Por isso, sua vida tomou outro rumo.

Quanto ao tempo em que esteve recluso, ao contrário do que se imagina, não custa a passar. Acrescentam-se horas ao dia, já que as atividades começam por volta das 4 da manhã, entremeando estudos, meditação e outras tarefas mais mundanas. Para ele, a experiência não se assemelha em nada ao sentimento de solidão representado pela "ausência do outro", que pode existir até mesmo em pessoas que possuem um companheiro ou mesmo uma família, conforme atestado através de outros depoimentos.

"Eram os solitários internautas?" (Ou "Eram os internautas solitários?"). Sem dúvida este será um bom título para um livro num futuro bem próximo. A pretexto de timidez, segurança ou comodidade, muitos solitários têm buscado na Internet, nos computadores das agências de casamentos ou nos serviços telefônicos com cruzamento de dados o fim da solidão. Será que funciona?

Na opinião de Raissa Cavalcanti, a prática não resolve o problema, pois na maioria dos casos ocorre uma ilusão de identidade que mascara esses relacionamentos apenas superficiais, não satisfazendo a necessidade do verdadeiro encontro, que é algo anímico e não físico ou intelectual. "O ser humano precisa não apenas do contato físico, mas também de algum contato que toque sua alma". As informações da Internet, dos serviços telefônicos e das agências de casamentos também correm o risco de não corresponderem a verdade. Quando se trata de valores, tudo é muito subjetivo. Por mais que um contato informatizado seja capaz de combinar dados como idade, renda, escolaridade, é impossível ao computador avaliar a índole e os sentimentos de uma pessoa. A informática facilita nossas vidas e é capaz de nos proporcionar muitas coisas, menos o companheiro ideal...

Anos atrás experimentei o sabor amargo da solidão. Depois de uma separação, na minha imaturidade direcionei muita energia na busca do "homem dos meus sonhos", sem o qual me sentia completamente só. Minha solidão era a do "tipo 2": difícil encontrar alguém que falasse o meu idioma ("gente comum" parece pouco se interessar sobre metafísica, desenvolvimento do próprio potencial, anjos, oráculos, terapias alternativas e outros quesitos tais). Cruzei com todo tipo de pessoas e experimentei várias estratégias, desde técnicas mentais a atitudes físicas como "sair e badalar". Foi um tempo de caos interior. Depois de tudo revirado, acordei e fui, aos poucos, edificando um novo Eu. Estabeleci diretrizes realizáveis e me ocupei de proporcionar mais lazer e prazer a mim mesma. Dediquei-me à música e à introspecção através de meditação e da prática do tai-chi chuan. Mudei meu refrão, graças à sacada do genial Gilberto Gil: descobri que em vez do "preciso aprender a *ser só*" é possível cantar "preciso aprender a *só ser*". A ansiedade foi dando lugar à satisfação pessoal e finalmente consegui ficar sozinha em paz, sem o assédio dos fantasmas do passado. Afinal, como diz a sabedoria popular, antes só do que mal-acompanhada...

Pondo a Solidão pra Correr

1 - Reflita sobre suas reais necessidades. Ouça sua voz interior. Busque desenvolver-se na direção do autoconhecimento. Se necessário, procure ajuda através de alguma forma de psicoterapia.

2 - Mantenha seu corpo ativo.

3 - Procure estar em contato com pessoas através de cursos ou atividades de seu interesse. Isso ajuda a superar a timidez e a identificar suas principais dificuldades de relacionamento.

4 - Experimente a liberdade; saia da concha.

Orgulhosamente "Eu"

Ligo a TV ao acaso e dou de cara com aquele rosto há tanto tempo conhecido. O semblante parece um pouco tenso para quem ocupa um honroso lugar no pódio dos jogos olímpicos, classificado como o terceiro atleta do mundo naquela modalidade. Num gesto emocionado, ele enrola a bandeira brasileira no próprio corpo e se deixa envolver pelo abraço de toda a nação. A expressão se atenua, a cabeça ganha ares altivos e ele sorri. Recebe a medalha, aplica-lhe um beijo e deixa o olhar marejar. Esse é Aurélio Miguel, judoca brasileiro, 32 anos, bronze olímpico em Atlanta.

A emissora reprisa os momentos finais da luta. Conheço bem esse esporte, torcedora de carteirinha que fui. Sofro com o contragolpe aplicado pelo polonês manhoso nos segundos finais. O judoca brasileiro, que levava grande vantagem, experimenta, decepcionado, a derrota. Não é raiva o que sente nem frustração. Percebo, no rosto do atleta, uma ponta de orgulho ferido, uma cobrança auto-imposta por deixar escapar a vitória; ele assume sua total responsabilidade por aquilo que o comentarista afirma ter sido "coisa do destino", num gesto corajoso e maduro.

Conheci Aurélio menino e tenho certeza de que não se lembra de mim. Na época, ele não era nem de longe o atleta de ouro de Seul, competindo sem grande expressão na categoria dos pesos pesados, juntamente com meu irmão. A disputa era árdua, seus dois anos a mais não lhe serviam de vantagem, principalmente se oferecíamos ao caçula da família uma carrocinha de cachorro-quente como premiação extra no caso de vitória... Fernando desistiu do esporte às vésperas do vestibular, contentando-se com a faixa marrom. Aurélio Miguel persistiu com abnegação e tornou-se um grande atleta, como comprovam os resultados.

Muitos comentários ingênuos e tolos foram colecionados no transcorrer destas Olimpíadas. Quem saiu do Brasil com a medalha no peito, apostando no favoritismo, se deu mal. Uma lição de humildade foi imposta aos nossos tetracampeões mundiais pelo futebol criativo e despretensioso da Nigéria, de quem pouco se ouvira falar. A seleção dourada do vôlei masculino desentendeu-se na quadra e fora dela, amargando derrotas, olhos baixos, muitas vezes inundados de lágrimas. Parafraseando um antigo e escolado locutor, cabe lembrar que o esporte "é uma caixinha de surpresas..."

Certamente, esta não é uma crônica esportiva, mas falamos aqui dos sentimentos do mundo e um bom resultado numa competição mundial nos desperta grandes emoções. Nos momentos decisivos, a pátria veste as chuteiras, sua a camisa, desaba no tatami, bloqueia, encesta, salta, corre. Um atleta vitorioso, qualquer que seja sua premiação, nos enche de orgulho. Essa sensação que estufa nosso peito, nos ergue a cabeça, empina nossos ombros e nos confere um certo poder de superioridade sobre o derrotado, pode, levada ao exagero, se converter em gestos vis e mesquinhos. Aí nos assola a soberba, a empáfia, a arrogância, a presunção; então já não vale a grandiosidade da vitória, pois nos deixamos derrotar pelos caminhos estreitos e obscuros da ignorância.

O orgulho patriótico derruba as fronteiras do individualismo e nos permite ver o outro à nossa imagem e semelhança. O torcedor ao lado, sentado nessa mesa de bar, é um brasileiro como eu; voltamos às nossas origens comuns, esquecemos os fracassos históricos da nação, nos confraternizamos e somos só entusiasmo e alegria. Não importa sua classe social, sua condição intelectual, suas raízes familiares; ele é um comigo, experimentando a mesma euforia a cada vitória, a mesma desilusão a cada derrota. Eis aí um aspecto positivo e democrático de nossos brios verde-amarelos, que só agora começam a ser percebidos e valorizados. Talvez por nossa origem mestiça, padeçamos de total ausência de tradição, habituando-nos à idéia de pobres selvagens subdesenvolvidos, sempre à espera do imperialista salvador.

Poucas pessoas falam com orgulho desta sua terra. Em viagens ao exterior, já vi muita gente fugindo das barulhentes — e muitas vezes mal educadas — delegações de turistas brasileiros, fazendo de conta que nunca viram criaturas espeloteadas assim. Isso sem contar os compatriotas descendentes de imigrantes que pleiteiam passaporte estrangeiro para receberem tratamento diferenciado na Europa, entrando pela "porta da frente" na alfândega.

Durante muito tempo, nestas terras provincianas, era cafonérrimo usar qualquer combinação de cores que remotamente lembrasse as do pavilhão nacional — além de proibido, já que as leis não permitiam abusos no que se referisse ao "lindo pendão da esperança". Depois dos caras-pintadas e dos movimentos ecológicos e outros tantos pela defesa da pátria, camisetas, gravatas e outros acessórios verde-amarelos tornaram-se aceitáveis, ou mesmo *cult*, na linguagem dos intelectuais. Enquanto isso, na Inglaterra, no Japão, nos Estados Unidos e em muitos outros países desenvolvidos, a bandeira nacional e outros símbolos — como a bizarra figura de Tio Sam, por exemplo —, se popularizaram desde sempre, difundindo-se através dos mais variados produtos, de cuecas a bonés, de embalagem de refrigerante a chiclé de bola, alicerçando o patriotismo, que não é outra coisa senão a manifestação autêntica de orgulho pela pátria.

É claro que nossos irmãos superdesenvolvidos também cometem seus deslizes, como ao colocar em letras gigantes, no lado externo do encosto de cadeiras de rodas, os dizeres: "Feita com orgulho nos Estados Unidos". Fiquei perplexa e desiludida ao deparar com essa manifestação ufanista. Logo os americanos, que importam sapatos italianos, porcelana inglesa, seda chinesa e o que de melhor há no mundo, a preços irrisórios, cuidam de ocupar seu potencial industrial na fabricação desses tristes aparelhos que se prestam à locomoção de seus infelizes filhos, mutilados por guerras incentivadas pelo governo, nem sempre tão patrióticas, servindo a fins belicistas disfarçados sob a bandeira da democracia...

O orgulho é um sentimento dúbio, sempre à beira dos limites; tanto pode nos levar às alturas como nos fazer despencar num abismo sem fim. Dosá-lo adequadamente é o nosso desafio, já que é um ingrediente básico da receita do sucesso e da auto-estima. Os que não têm orgulho — seja próprio, seja grupal — em geral padecem de humildade excessiva ou não têm vergonha na cara, aceitando qualquer imoralidade ou amoralidade que lhes seja proposta.

Nos processos de dominação, este é o primeiro sentimento a ser reprimido pelo dominador. Fazer alguém ficar "de joelhos" ou induzi-lo a implorar por algo, privá-lo de seus bens ou de seus valores é destituí-lo por completo de seu orgulho, aqui sinônimo de dignidade. Os algozes bem sabem disso; o nazismo procurou, a todo custo, arrancar dos judeus qualquer coisa que lembrasse remotamente um mínimo de altivez. Felizmente, parece existir na raça humana um gene responsável pela perpetuação dos brios da espécie, que sobrevive às mais torpes situações. A atitude digna prevalece, tal como o bem sobrepuja o mal nos contos de fadas.

As pessoas satisfeitas consigo mesmas, em geral reverenciam orgulhosamente sua origem, seus antepassados e as condições de seu nascimento. Tenho um amigo bem sucedido, perfil típico de quem "veio do nada", como se diz popularmente, que ostenta na parede do seu escritório um retrato emoldurado de um casebre de pau-a-pique onde nasceu, no interior do Ceará. Ele dispensa um bom scotch 12 anos em troca de uma branquinha (uma "amarelinha" de tonel de carvalho, melhor ainda!) e deixa um pouco no fundo do copo "para o santo". Começou como linotipista, abriu sua própria linotipadora em tempos que esta já se tornava, tal qual um dinossauro, uma espécie em extinção. Pulou rápido para sistemas computadorizados de fotocomposição, aqueles monstros lerdos que ocupavam um espaço imenso. Com o advento das redes de microcomputadores, agarrou-se com unhas e dentes às mágicas soluções da informática e deu certo. Autodidata, domina softwares e hardwares a custa de estudos próprios, experimentos e observação. Quando entro em pane pelo pânico causado por esta bizarra geringonça que me ajuda a escrever — ou seria o contrário? —, recorro aliviada à sua assessoria telefônica, sempre calma e bem-humorada.

Conheço pessoas estranhas que demonstram ter vergonha de suas origens, em geral humildes. Na classe média emergente, da qual também sou fruto, é comum encontrar, dentre novos-ricos ou tipos bem-sucedidos, um que está constantemente se desculpando pela ignorância ou cafonice do marido, da mulher, do pai, da mãe ou da avó. Gente que faz fortuna — nem sempre de modo lícito — e que se envergonha do irmão pobre, mal vestido ou sem dentes. Gente que pensa que, porque fala francês ou viajou "pelo estrangeiro" é cidadão do mundo, enquanto as minorias de pobres, de negros, de feios, de sujos, de ignorantes são farrapos humanos, sem berço, sem direitos, sem eira nem beira.

Falo de gente que engole enojado o canapê de caviar ou o escorregadio escargot dizendo que *"a-do-ra"* porque é chique, para não parecer brega, embora seu paladar esteja mais afinado com pastel de feira e caldo de cana... São apontados, na sabedoria popular, pelo ditado grosseiro que afirma serem do tipo "que come mortadela e arrota peru" *(argh!!)*. Aí já não se trata de orgulho, mas de arrogância. É o querer-ser sem limites, que extingue qualquer sombra de identidade, massificando o infeliz, todo orgulhoso da sua condição, que pensa estar super *"in"* metido numa calça de grife ou freqüentando um restaurante da moda entre ricos e famosos. Não percebe que nenhuma celebridade, nem mesmo a simples balconista da boutique, irá lhe dirigir sequer um olhar espontâneo de simpatia ou afeto. Nunca será o grande astro desses palcos iluminados, apenas mera figuração.

Concordo que pobreza, feiúra, mal gosto e ignorância não são motivos de orgulho para ninguém; mas tais atributos são meros conceitos estéticos individuais, totalmente abstratos e ao gosto do freguês. Todos somos pobres, feios e ignorantes sob algum aspecto. Não nos cabe julgar e, menos ainda, condenar. Nenhum de nós é modelo de perfeição, por isso é conveniente aprender a respeitar e conviver com as diferenças.

Amor-próprio é fundamental para que se possa almejar felicidade nesta vida. É, sem dúvida, um sentimento bem difícil de dosar, pois passando da conta, por mínimo que seja, pode resultar em atitude egoísta. Ao contrário, os que constantemente se impõem sacrifícios e humilhações, não raro confundem sua fraqueza com humildade e tornam-se capachos dos outros, aceitando a idéia de que são apenas "uma coisinha à toa, insignificante". Onde há um traço de superioridade, sempre há a contraparte inferiorizada e subjugada e isso não é, nem de longe, uma atitude equilibrante de compreensão e respeito.

Ser humilde consiste em, simplesmente, aceitar suas deficiências momentâneas, lembrando-se de que tudo pode ser superado e modificado. Não existem objetivos irrealizáveis, mas prazos auto-impostos irrealizáveis, apregoam certas correntes do pensamento positivo. Se eu quiser me destacar em alguma modalidade esportiva, já que aqui falamos tanto de esportes, não devo cultivar a ilusão de que, da noite para o dia, poderei me tornar a campeã mundial. Devo estar ciente que o bom desempenho requer, além de uma certa aptidão, muito treino e dedicação, o que talvez só me deixasse como alternativa a meta de ser a campeã mundial do torneio de veteranos, já que não disponho de condições físicas nem financeiras para me dedicar exclusiva e integralmente à prática esportiva. Nem por isso vou ficar me colocando "para baixo", assumindo a postura de "traste inútil"; talvez eu não seja a tenista número 1 do Brasil, mas pouca gente faz uma geléia de morango como eu. Nem só de deficiências vive o homem — nem a mulher — e eu tenho cá meus talentos, dos quais muito me orgulho...

O lama tibetano Tarthang Tulku expressa com grande beleza, simplicidade e lucidez esse pensamento, ao afirmar: "Todas as pessoas possuem defeitos, obstáculos à realização positiva. Quando estamos cientes desses defeitos em nós mesmos, é difícil manter uma atitude superior em relação aos outros. Conforme vamos nos tornando honestos e dispostos a admitir as nossas deficiências, aumentamos nosso autoconhecimento e auto-respeito. Este auto-respeito vence os nossos medos de inadequação e deixamos de sentir necessidade de nos dar ares de superioridade. (...) À medida que cresce a nossa consciência de nós mesmos, conduzindo-nos a uma maior consciência da natureza humana, passamos a nos preocupar com o bem-estar dos outros, e esta qualidade de interesse e cuidado gera a verdadeira humildade."[1]

Só os que são verdadeiramente grandes têm a sabedoria suficiente para viver a humildade em sua plenitude. O arrogante confunde auto-estima com autopromoção e vive se gabando de cada pequena vitória, enterrando sob uma fina camada de areia todos os seus erros e fracassos, que se tornam visíveis à primeira lufada de vento. Destituído de compaixão, apresenta tendências egoístas e tem enorme dificuldade de perdoar. Perpetua suas máscaras sociais e fica constrangido se a situação requer espontaneidade. Qualquer quebra de padrão o coloca a nocaute; fica absolutamente deslocado quando não domina a situação ou não é o centro das atenções.

De tanto jogar no time do *"eu sou mais eu"*, acaba atraindo a antipatia dos outros. Ninguém mais agüenta conviver com o presunçoso que só conta vantagem — e muitas delas nem verdadeiras são! Com o passar do tempo, suas glórias efêmeras são as únicas companheiras que lhe restam. Já que ele não sabe compartilhar seus sucessos nem os de outras pessoas, para que manter um relacionamento de qualquer natureza?

O orgulho ferido é outro lugar-comum dos arrogantes, sempre ofendidos ante a mínima contrariedade. Não se trata aqui da saudável e tradicional vergonha na cara, "herança maior que meu pai me deixou", como bem colocada nos versos antológicos de Lupicínio Rodrigues. Esta se relaciona aos nossos valores mais profundos e verdadeiros. A ofensa que se enxerga onde não há é característica da pessoa mimada, manipuladora e imatura; daí à síndrome de vítima é um passo; bem curtinho, por sinal.

Reverenciar nossos antepassados, nossa pátria, nossas inúmeras qualidades; aceitar os elogios verdadeiros e sinceros, deixando de lado a falsa modéstia sem dar espaço à presunção; cultivar a auto-estima, o senso de equilíbrio, o respeito aos outros, administrando as diferenças e delas retirando o aprendizado necessário. Essas são as regras básicas para que trilhemos com audácia e justiça os caminhos enobrecedores do orgulho sadio. Orgulhemo-nos...

Para Educar o Orgulho

1 - Faça uma lista dos seus ancestrais mais queridos. Anote, ao lado do nome de cada um deles uma frase ou ensinamento importante que marcaram sua vida.

2 - Examine os indícios que demonstram seu orgulho de ser brasileiro.

3 - Relacione suas boas qualidades, completando a frase:
(Seu nome) você é muito.......................
(Ex.: Regina, você é muito inteligente!)
Repita o exercício olhando-se
(olhos nos olhos!) no espelho.
(Observação: se alguma das qualidades relacionadas lhe soar um tanto inconsistente, reavalie-se em relação a isso).

A Tristeza Sem Fim

Domingo de sol, pleno verão. Dia nacional da preguiça. Dormir sem pressa de acordar, espreguiçando cada célula, descansando cada osso, cada músculo, cada ramificação do sistema nervoso. Sonhar... Deixar o inconsciente viajar pelo espaço deste e de outros mundos — quem sabe numa viagem astral —, sem temer a liberdade de voar através do corpo mental ou do espiritual, de primeira classe, com o conforto que só o espaço ilimitado da alma pode proporcionar... Flutuar, deixar-se ir, dar piruetas na imensidão do universo e depois voltar... Instantaneamente voltar. Imediatamente voltar. O telefone toca sem parar.

Abro os olhos. De volta à realidade, a campainha de estalido eletrônico parece amplificada dentro da minha cabeça a cada toque. "Que diabo, quem liga para uma criatura às nove da madrugada em pleno domingo?!"

"Nenhum amigo me tira da cama antes das dez da madrugada num domingo, ouviu bem?", vocifero. Do outro lado, a voz tímida e chorosa de uma grande amiga já não tem muito o que dizer. Depois de devidamente identificada, arregalo os olhos da mente e começo a lhe dar atenção. Passado o mau-humor por ter sido interrompida no melhor da minha viagem imaginária, percebo que a criatura tem algo importante a me dizer.

Ela conta que acordou bem cedo e muito triste. A que horas? Talvez às quatro ou cinco da manhã (para mim, alta madrugada...). Não sabe ao certo, nem percebeu o relógio... Acordou com uma pontada no peito e pensou: "é bom chamar alguém, acho que estou tendo um ataque..." Mas o ataque não veio e ela foi se aguentando, esperando um horário mais razoável para contar a história da síncope que não houve. Isso acontece há semanas. Dia sim, outro também, dorme tarde, pouco dorme (quando dorme). Acorda (quando dorme) muito cedo, com um aperto no coração, que ela chama de angústia. "O que te deixa angustiada?", pergunto, já desperta. "Não sei", responde a voz embargada. Depois da resposta lacônica, o choro transborda.

Tento puxar conversa, sinto que ela precisa se expressar. Mas expressar o que, se ela própria não sabe dizer que mal a aflige? Sei que há muitos anos essa amiga querida sofre de solidão compulsiva. Não importa quanta gente haja ao seu redor, ela se sente só. O sonho do companheiro atencioso e gentil vai se tornando cada vez mais distante. Parece não haver amor no mundo para mulheres solitárias que passaram dos 40... Não importa quão bem-sucedida seja nos negócios, na carreira; independência financeira não constitui um atrativo suficiente. Aliás, independência de qualquer ordem parece antes um defeito para a sociedade machista destes povos ao sul do Equador...

Mas, e se houvesse o tão sonhado companheiro?, questiono. Houve tempos em que era casada e a vida não lhe parecia melhor. "É", ela concorda, sem convicção. Definitivamente a causa de seu sofrimento não é a falta de alguém especial. Talvez seja a falta de gente ao seu redor para ocupar a extensão dos 300 m^2 da cobertura num bairro chique e moderno desta estranha e conturbada São Paulo. Talvez um telefonema carinhoso, sem a intenção de contar com a presença de uma socialite num evento "informal"; ou a visita desinteressada dos filhos, que apenas venham compartilhar traquinagens da juventude sem pedir reforço na mesada; ou alguém simpático e bem-humorado que a convide para um programa brega mas divertido, como uma pizza e uma taça de vinho na cantina mais decadente do velho bairro italiano. As emoções podem ser muitas e inimagináveis; apenas a realidade deveria se ocupar de fazer com que alguns desses sonhos, de conteúdo fácil e simples, se tornassem viáveis neste instante.

Proponho uma caminhada pelas alamedas da Cidade Universitária. Abandonando a preguiça dominical, também é bom programa alongar as pernas e os pensamentos. Com um moletom descuidado e um par de tênis encardidos, subo no carro, pego uma via expressa e, em dez minutos, transponho os 20km que nos separam. Ela desce elegante e perfumada, algo inadequada para quem pretende exercitar-se até suar. No caminho, falamos pouco; seu olhar começa a ganhar viço à medida que aprecia o movimento pela janela do carro. A fala vai se enchendo de vigor, as palavras esboçam situações engraçadas, em clima de descontração.

Quando estaciono na USP, uma nova mulher está a meu lado. Animada e brincalhona, ela propõe um passeio de bicicleta. Devido ao adiantado da hora, alugamos dois modelos capengas, de pneus carecas e aros tortos; meu espírito pouco aventureiro sente um ímpeto fortíssimo de desistir do intento. Mas, a alegria de moleca estampada em seu rosto vale o sacrifício. Vou pedalando e caindo, caindo e pedalando. Tem mais de dez anos que não subo num veículo de duas rodas. "E ainda dizem que andar de bicicleta é como fazer sexo, uma vez que se aprende, nunca mais se esquece..." Ela se diverte com minha falta de jeito, e com a leveza de uma gazela, dispara na frente, tão feliz quanto da primeira vez que pilotou um triciclo, estimo. Desanimada ante tanta animação, num esforço sobre-humano para manter a geringonça equilibrada, só faço gritar: "Devagar! Não vá muito longe!! Não se esqueça da volta!!!"

Meia hora atrás, uma séria (e triste) senhora quarentona me tirava da cama e se punha a lamentar. Agora, uma adolescente de quarenta e poucos corria serelepe, despreocupada e feliz (só eu preocupada em não cair...). Dá pra entender a instabilidade do ser humano?

Todos temos nossos dias nublados; por mais que faça sol ou seja feriadão prolongado, às vezes nuvens negras embaçam os olhos de nossa mente e coração. Aquele sentimento esquisito cuja resposta invariável é "não sei" tem um nome; é apontado por terapeutas e psiquiatras como *depressão*. Mal moderno, desconhecido nos tempos de juventude de nossos bisavós, parece ter sido incorporado pela humanidade deste século como um arquétipo absolutamente natural.

Da natureza do homem é a tristeza, igualmente inútil, mas com uma causa definida. Se alguém lhe dirige ofensas; se sua violeta predileta morre em plena floração; se seu bichano desaparece; seu você "leva o bolo" de uma pessoa querida, etc., é natural sentir-se triste. Mas aquela tristeza indefinida, de causa desconhecida, que parece se instalar para todo o sempre, que tira duas ou três semanas de férias, mas depois volta, com carga redobrada, sem aviso prévio, isso é depressão.

Certos ícones parecem disparar processos depressivos. Em lugares de clima frio e pouco sol, como nos países do hemisfério norte, as crises são mais constantes. Uma amiga que atualmente mora em Chicago fez um comentário interessante. Ao perguntar a um seu conhecido americano como ia seu relacionamento com a namorada, após terem ido morar juntos, recebeu a seguinte resposta: "não posso lhe dizer ao certo, ainda não passamos pelas quatro estações..." Nessas regiões, outono e inverno, caracterizados pela ausência quase total de sol, causam distúrbios no humor das pessoas a tal ponto de só tornar possível conhecê-las mediante um convívio através de um ciclo anual completo, já que o frio e a falta da luz intensa do sol parecem facilitar estados depressivos...

A questão mais incômoda no que se refere à depressão é a maneira de combatê-la, já que, geralmente, desconhecemos suas causas. Os sintomas, porém, são facilmente detectáveis. Fisicamente, um cansaço prolongado (injustificado ou, muitas vezes, resultante de insônia) é bastante comum nas pessoas deprimidas. A preguiça (do tipo síndrome de Garfield — "odeio segundas-feiras") é característica. Também palpitações ou pressão no peito, tonturas, sudorese acentuada, dificuldades respiratórias, resfriados constantes (estados de dúvida, pela análise psicossomática da terapeuta Louise Hay), acidez estomacal e perturbações digestivas ("o que está sendo difícil digerir na sua vida?"). Perda de apetite (inclusive sexual) denota estados depressivos, além da letargia/apatia constantes.

Entre os sintomas psicológicos mais comuns destacam-se momentos de profunda tristeza, choro compulsivo sem causa aparente, hostilidade/irritação (principalmente com aqueles que estão "de bem com a vida"), ansiedade, desesperança, perda de afeição (dificuldade em dar e receber amor), vontade de morrer (que inclui tentativas de suicídio).

As causas, como já dissemos, são desconhecidas da pessoa que experimenta a depressão, mas se refletem em sua vida prática de diversas maneiras. Essas pistas tornam possível identificar o mal com mais clareza, para que possamos diagnosticá-lo e enfrentá-lo. A falta de objetivos futuros ou colocação de metas inadequadas ao seu progresso pessoal, baixa auto-estima (a aparência descuidada é um ótimo sensor de estados depressivos, principalmente nas pessoas vaidosas), falta de realização na carreira, entre outros. Também nos pegamos fazendo comparações absurdas do nosso potencial em relação ao de outras pessoas (valorizamos apenas as qualidades dos outros e exageramos nossos defeitos, sem observar as fraquezas de terceiros).

É considerada normal a depressão pós-parto (estando em contato íntimo e profundo com o bebê que cresce dentro dela, a mãe sente-se deprimida e "vazia" ao dar à luz), comum à maioria das mulheres. Na esfera profissional, muitas pessoas experimentam o mesmo vazio quando concluem um projeto. Observou-se que os grandes empreendedores mantêm a mente sempre aberta a novas e ousadas criações, projetando-se nos planos que estão por vir. Assim, com objetivos sempre delineados à frente, jamais experimentam o esvaziamento característico da depressão pós-parto.

A sensação de frustração e conseqüente estado depressivo, paradoxalmente, acompanha os que, ao contrário, padecem de hiperatividade intelectual. Se os planos ficam só na esfera mental e nunca se realizam no mundo material, tornam-se assustadores fantasmas a entristecer o seu criador.

Quando alguém nos desaponta, também é comum cairmos em depressão. Esta é uma das armadilhas mais perigosas deste estranho mal; aqui é útil lembrar que "ninguém é capaz de fazer você sentir-se desta ou daquela maneira". Sentir-se, verbo reflexivo, só acontece dentro de você, com a sua permissão; há uma gama enorme de opções de sentimentos à sua escolha. Auxiliado pela razão e pela intuição, você — e ninguém mais — é capaz de decidir qual o estado adequado para o momento.

Os métodos mais conhecidos para o tratamento da depressão são a administração de medicamentos, a eletroterapia e a psicoterapia. O primeiro e mais antigo, teve origem através dos curandeiros e xamãs primitivos. Registros apontam que Hipócrates, há mais de 2.000 anos, prescrevia heléboro, erva medicinal de propriedades analgésicas, aos doentes de males emocionais; os chineses se valiam da efedrina; em culturas primitivas, o ópio, a mescalina e a semente de papoula eram utilizados para trazer euforia aos que apresentavam estados depressivos.

A partir de meados dos anos 50 e na década de 60, principalmente, as drogas antidepressivas ganharam impulso nos Estados Unidos. De lá para cá, desenvolveram-se vários tipos de anfetaminas, cujo efeito colateral principal parecia ser o do aumento da depressão, passada a euforia, além de provocar uma certa compulsão para comer. Mas, uma droga recentemente lançada no mercado tem causado boa impressão junto à comunidade médica. Esse medicamento, o Prozac, não contém anfetaminas e seu princípio se baseia no estímulo de um neurotransmissor, a serotonina, cuja deficiência parece afetar o sistema nervoso central. A disfunção desse neurotransmissor vem sendo apontada como a causa mais provável da depressão.

A eletroterapia ou eletroconvulsoterapia, popularmente conhecida como eletrochoque, teve seu auge nas décadas de 40/50. Nesse tipo de tratamento, uma corrente elétrica é aplicada no cérebro através do crânio, estimulando a neurotransmissão. Muito controvertida e bastante criticada por sugerir — principalmente aos leigos — que o choque elétrico pudesse funcionar como uma espécie de "punição", na realidade é aplicada com o paciente anestesiado, sendo totalmente indolor. Os principais efeitos colaterais registrados nos depressivos que se submeteram a esse tipo de tratamento foram dores de cabeça, confusão mental e perturbações de memória, embora nada tenha sido cientificamente comprovado que evidenciasse a ligação direta entre esses efeitos e a eletroterapia.

Apesar de apresentarem resultados rápidos, cerca de um mês após iniciado o tratamento, tanto esta última como a terapia por medicamentos têm se revelado eficientes apenas no combate aos sintomas da depressão e não do mal em si. A psicoterapia, embora mais cara e demorada, na opinião dos especialistas, é capaz de provocar mudanças mais efetivas de comportamento e conseqüente eliminação dos estados depressivos. Alguns psiquiatras recomendam a combinação desta com uma das terapias anteriormente descritas, para minimizar os males causados pela depressão enquanto esta não é totalmente eliminada.

É sabido através da PNL (Programação Neurolingüísitca) que todo aprendizado, comportamento e mudança ocorrem na esfera do seu inconsciente. Por isso, ele é um instrumento importantíssimo na eliminação de estados depressivos, bem como as técnicas de PNL são ferramentas eficazes para auxiliar qualquer processo terapêutico adotado.

É comum ouvir das pessoas, vez por outra, a frase "estou deprimido". Qualquer pequena frustração ou tristeza passou a ser tomada como sinônimo desse mal de difícil erradicação (principalmente por sua complicada identificação). Particularmente, já me senti muito triste, mas sempre descobri a causa das minhas tristezas, o que torna mais fácil o processo de combatê-las. Muitas vezes cheguei a usar a expressão sarcástica (e de mau gosto!) "acho que vou tomar duas pastilhas de raticida com um copo duplo de leite"... De há muito abandonei esse gracejo. Percebo, a exemplo da sabedoria popular que me foi transmitida por meu pai, que a depressão, como qualquer outro distúrbio de humor, é do tipo que "dá forte e passa depressa".

Relembro a história de minha amiga e vejo como as coisas mudaram nos dias de hoje. Feliz e bem disposta, com um companheiro bem-humorado e gentil, às vezes a criatura ensaia um chilique depressivo. Sou dura com ela, insisto em que agradeça por tudo de bom que já conseguiu e pelas coisas que ainda vai conquistar. Não há depressão que resista a uma boa dose de alegria. A coragem de viver é plenamente recompensada pelos bons momentos de que desfrutamos, por isso não convém desperdiçar tempo com sentimentos inúteis. Parafraseando a palavra de ordem dos anos 70, "Abaixo a depressão!!!"

Combatendo a Depressão

1 - Quando perceber que está entrando em depressão, mantenha a cabeça erguida e os olhos voltados para cima. A sugestão é de Luiz Antonio Gasparetto, que desafia qualquer pessoa a permanecer deprimido dirigindo o olhar e o pensamento para o alto.

---

2 - Agite. Ainda que seja necessário um grande esforço, saia da "segurança" da sua caminha quente e seu cobertorzinho felpudo e exponha-se. Comece a caminhar ou dê uma corrida, faça um passeio. Ande de bicicleta (se souber!!!) Escolha uma música de ritmo agitado e se ponha a dançar!

---

3 - Cultive a coragem e a vontade de viver. Converse com alguém, mas mantenha ativado o seu diálogo interno (O que quero evitar? Do que estou fugindo?) Lembre-se, a exemplode um pensamento recolhido por Roger Patrón Luján[1] que "o que estás tentando evitar não desaparecerá até que o enfrentes"... Aventure-se!!

Desejo de Esganar I

Começo de mês, dia abafado, chove a cântaros em São Paulo. Trânsito difícil, filas de carros parados, filas duplas, filas triplas... No banco de trás, as crianças trocam socos e a gritaria me faz lembrar dos milionários circuitos do boxe norte-americano. Chego ao meu destino, procuro uma vaga coberta, dou voltas pelo estacionamento do supermercado. Paro por um momento e blasfemo contra a bênção de ser mãe; ameaço os pequeninos, esmurro o volante, cerro os dentes. Um carro desocupa um lugar bem à minha frente e, por um momento, penso que parte do martírio acabou. É quando entra em cena uma dona tão inconseqüente quanto enfeitada e, numa manobra radical, esgueirando-se pela contra-mão, estaciona incólume bem ali, na minha tão sonhada vaga. Desço do carro furiosa; com uma porteirada firme me dirijo à perua aos berros, impedindo o trânsito e ameaçando pôr abaixo aquele penteado tão bem modelado às custas de quilos de gel. Diante da cena, entre temerária, surpresa e ofendida, a criatura resolve "deixar barato", dá ré e procura outro lugar para estacionar. Vitória!! No carro, as crianças perplexas estão mudas e bem-comportadas. Vitória dupla!!!

Retomo o volante sob olhares curiosos; alguns poucos de admiração e apoio, muitos de reprovação; estou lívida, respiração ofegante, mãos frias, boca amarga e um desagradável aperto no estômago. Experimentando esse estado de estresse, já não me sinto tão vitoriosa assim...

A irritação, a raiva, a ira, a cólera são tomadas por sinônimos, variando quanto à intensidade de acordo com nossa escala de valores própria. Trataremos aqui desses perturbadores sentimentos sem a preocupação de classificá-los. Mesmo assim, você vai saber direitinho do que estamos falando, é claro que em algum momento da sua vida você já foi acometido por um acesso de cólera.

A raiva já vem instalada em nossos circuitos, não é necessário ter contato exterior com ela nem aprendê-la. O bebê manifesta sua ira quando suas necessidades se frustram: ele berra porque deseja ser alimentado, aquecido ou trocado. A psicóloga Bonnie Maslim[1] codifica essa raiva inata como "primal" e observa que ela funciona como um dom da natureza que, nos primeiros meses de nossa vida, nos propicia proteção e amor.

Percorrendo os corredores do supermercado, deparo com outra cena deprimente: um menino agarrado a um pacote de biscoitos berra a plenos pulmões, enquanto grossas lágrimas rolam por suas faces rubras. A mãe tenta, pacientemente, convencê-lo de que já tem um estoque considerável daquelas bolachas em casa, além dele não gostar de rosquinhas de coco, apreciando apenas os personagens da embalagem; a criatura se joga no chão e a gritaria continua. A mulher se afasta desolada, fazendo de conta que não conhece o pequenino animal raivoso. Eis aí o processo da raiva em pleno andamento: o garoto vê sua necessidade (que, embora criada pela publicidade, lhe parece legítima) frustrada e encena um ataque. E agora? Como controlar esse sentimento tão "natural"?

É sabido, à luz da razão, que a raiva é inútil; meu amigo Luís Pellegrini comenta que, em conversa com o atual Dalai Lama, este afirmou categoricamente que os três principais males da humanidade são a ira, a ignorância e os apegos; um texto clássico do budismo tibetano (o "Colar da Compreensão Clara", traduzido para o português sob o título "A Mente na Psicologia Budista"), apresenta a ira entre as seis emoções básicas (e por emoção básica entenda-se "os fatos mentais emocionalmente maculados", atos centrados no ego que tornam a mente inquieta). "É uma atitude vingativa com relação aos seres sencientes, às frustrações, e ao que dá origem às frustrações da pessoa. Sua função é servir de base para criticar, e para o fato de nunca encontrar um momento sequer de felicidade." Essa vingança, para os budistas, assume aspecto nônuplo: volta-se contra si mesmo, contra os amigos e contra os inimigos, nos três aspectos do tempo — passado, presente e futuro. Complexo, não?

Algumas pessoas acreditam ingenuamente serem capazes de suprimir a raiva ou sequer senti-la; a maioria, também de maneira equivocada, julga endereçar sua raiva sempre para o alvo certo, o que nem sempre acontece, conforme o "aspecto nônuplo" ressaltado pelo budismo. Muitas vezes nossa ira explode sobre nossos entes queridos ou próximos, sem que tenhamos identificado sua verdadeira causa. É bom pôr pra fora toda a raiva, mas é preciso encará-la e examiná-la bem antes de despejá-la a esmo. Aviso aos controlados: melhor que expressar a raiva, só mesmo *não tê-la!* Se alguém lhe disser que nunca se sente irado, não se trata de uma pessoa pronta para ser canonizada, mas que não sabe identificar e lidar com seus sentimentos. Quem busca enterrar sua raiva está apenas se iludindo.

Geralmente, os que "engolem" a raiva voltamna contra si próprios, numa espécie de autopunição, como se merecessem passar por isso "para aprender". Outros direcionam sua ira contra pessoas próximas — muitas vezes indefesas, como as crianças ou os subalternos —; são raros os que se voltam contra aquilo ou quem tenha, de verdade, causado a raiva, trabalhando construtivamente para a sublimação desse sentimento. Uma perigosa armadilha se forma a partir de pequenas mágoas acumuladas, que não encontram vazão através de ataques coléricos; esses lixos podem ir se acumulando até resultar num acesso explosivo de raiva quando menos se espera.

É bom estar atento aos rostos anônimos que nos provocam esses sentimentos quase imperceptíveis: a mulher que usurpava minha vaga, a criança que esperneava, o açogueiro querendo empurrar uma peça inteira de alcatra, só para não ter de limpar ou fatiar, a caixa com olhar de desdém, em plena operação tartaruga, insensível a todas as dificuldades que eu enfrentara para satisfazer a necessidade legítima de abastecer minha despensa e ter o que comer durante a semana... Convém encará-los, fixar bem o olhar, e encontrar uma maneira de demonstrar-lhes nossa insatisfação; caso contrário, corremos o risco de desaguar sobre o marido ao chegar em casa e constatarmos que ele não recolheu o jornal do capacho e as trágicas notícias do dia viraram uma pasta de papel marché...

O que podemos fazer contra esses "anônimos insignificantes"? Uma boa saída seria enfrentá-los, como sugere David Viscott [2]; se o motorista de táxi foi rude, enquanto aguarda o troco "comunique" que não vai haver gorjeta, porque ele se excedeu na grosseria; chame a atenção de seu auxiliar se ele se tornar relapso ou responder mal a alguma das suas solicitações; faça-o num tom questionador do tipo "você está com algum problema?"; ou simplesmente diga com firmeza ao interlocutor, seja ele quem for, que não gostou do comentário ou da brincadeira. Tudo isso pode ser feito sem exaltação, num tom de voz normal e sem muitas rugas na testa; caso contrário, você se deixa contaminar pelo veneno da raiva. É um treinamento bastante útil para que possamos enfrentar as pessoas próximas e melhorar nossas relações de convivência, pois quando outros sentimentos estão em jogo (como amor ou amizade, por exemplo), a coisa se complica ainda mais.

As causas da ira são muitas. O Dr. Wayne W. Dyer[3] enumera alguns itens bem comuns: o trânsito, conforme já mencionamos, as competições (as torcidas organizadas dos times de futebol, por exemplo, cada vez mais suprimem o prazer do esporte, transformando-no num canal para escoamento de suas raivas em forma de violência); coisas fora do lugar são capazes de enlouquecer a dona de casa certinha; um novo imposto, uma nova lei vira assunto do dia e passa a criar "nuvens negras" bem acima das rodinhas de amigos que bebericam um chopinho. Os atrasos dos outros são indesculpáveis (os nossos, nem tanto); às vezes a raiva se volta contra objetos inanimados (depois de uma martelada no dedo, nada "melhor" que um bom pontapé na parede... e um dedão bem inchado!). E muitos são os pessimistas que passam o dia se queixando até mesmo de acontecimentos mundiais além do seu controle.

Cabe aqui um pequeno parágrafo a respeito dos monstros que criamos pré e pós-raiva. O mentalismo prega que aquilo que pensamos, dependendo de determinadas condições, hoje apoiadas pela PNL (Programação Neurolingüísitica), é passível de se tornar real neste nosso eixo de tempo/espaço. Tudo o que existe, existe antes porque foi pensado. O exemplo clássico é o da mulher que não confia no marido; quando ele chega "atrasado" (e atrasado aqui significa "além do horário que *ela* considera adequado", mesmo que tal não tenha sido explicitamente estipulado entre ambos), encontra uma verdadeira fera enjaulada em casa, em vez de uma esposa. À medida que o tempo passa e vai se constituindo no "atraso", a mulher vai criando formas-pensamento do tipo "ele deve ter outra", "só ele se diverte enquanto eu fico aqui feito uma empregada doméstica", "homem não presta, só quer saber de farra", etc. Não é de se admirar que ele seja recebido com tamanho azedume ao chegar um pouco mais tarde, quer porque realmente tenha saído para beber com os amigos, quer porque o pneu furou ou se dispôs um favor a alguém. É bem provável que ele decida mesmo arrumar uma amante real. Assim o ciclo se perpetua, tornando-se vicioso.

A raiva nem sempre é expressa, muitas vezes torna-se subentendida a um simples olhar e cada qual, para deixar barato, fica "imaginando" e atribuindo significados àquele gesto, sem sequer discutir e dar vazão ao real sentimento. Muito cuidado com o que você pensa: não deixe sua raiva se transformar numa criadora de "amebas mentais", usando o termo cunhado por Luiz Antonio Gasparetto. Quem se rodeia de desgraças, se liga no jornalismo sensacionalista, policialesco e catastrófico, começa a reproduzir em si estados irados que, aos poucos, vão se tornando "naturais".

Uma vez instalada, por mais que desejemos escondê-la, a raiva tende a apresentar uma de suas faces malévolas. Pode vir na forma de insultos, na exposição do alvo da ira ao ridículo, através do sarcasmo e, a mais forte e inabalável de todas, expressar-se pelo silêncio ou indiferença. Esta última constrói o muro intransponível onde os demais sentimentos ficam enclausurados, sem nenhuma ponte de acesso. Se em geral o irado é controlado por aquele que provoca a ira *("Ôba! É só eu não fazer a lição de casa para a mamãe ficar louca da vida!!")*, ante a indiferença ou o silêncio, o outro perde o rebolado. O que não significa que o raivoso saia vencedor no embate, uma vez que também não encontra espaço para trabalhar seus próprios sentimentos; convém ressaltar, a esta altura, que a raiva não modifica o outro, apenas encoraja o provocador a perpetuar seu comportamento, movido pelo desejo de dominação (a qualquer momento ele se sente capaz de detonar o processo de enraivecimento). Diante da raiva, as pessoas se comportam diferentemente, mas, em geral, cada qual repete seu próprio padrão. É bom identificar como você — e os que o cercam — vivenciam sua ira, a fim de trabalhá-la de modo construtivo.

Gente que vive repetindo "Eu mato!!", "Eu passo por cima!!", "Eu arrebento!!" gera dentro de si o estado de ira, além de, inconscientemente, ir tornando esse sentimento aceitável. Já os que dizem "Ele me deixa louca!!", "Ela tem o dom de me irritar!" permitem que *os outros* decidam como e quando torná-los infelizes, sem assumir que *sempre* é possível analisar uma situação sob um outro ponto de vista. Tome o leme de sua vida e não *se* irrite à toa!

Para alguns, a ira é imobilizante; geralmente essa reação de impotência diante de uma situação que cria a raiva surge nos tipos mais "controlados", aqueles que gostam de negar ou escamotear a raiva, resultando em estados depressivos. Outros, porém, são tomados pelo "efeito Hulk". Na literatura das histórias em quadrinhos, mediante uma substância química injetada por acaso no corpo de um cientista, este se torna um gigante verde, com ímpetos destruidores incontroláveis, quando sente raiva. Assim, para muitas pessoas, a raiva é um bom agente motivador de mudanças que vão desde enfrentar um tanque de roupa suja até a decisão por um corte radical de cabelo ou a invasão da sala do chefe para pedir aumento, com direito a murro na mesa. O acuado, movido à raiva, torna-se um gigante (podendo ficar esverdeado se a reação mexer com o seu fígado...).

E já que falamos em metabolismo, convém observar a lista básica de sintomas de doenças provocadas pela raiva: hipertensão, urticária e todo tipo de alergia, palpitações que resultam em moléstias cardíacas, insonia, cansaço, insanidade, depressão (e suas ramificações: tendências criminosas ou suicidas, negatividade, isolamento); é incrível observar ainda o número crescente de casos de pessoas que tentam contaminar os parceiros com o vírus HIV por não saberem lidar com a raiva de serem portadoras ou acometidas pela AIDS.

Em resumo, a raiva daria um bom argumento para histórias de horror; é fato que ela existe e que precisamos aprender a conviver o melhor possível com esse sentimento. Felizmente temos escolhas, como as que sugerimos nos quadros que ilustram esta matéria. Cabe a nós reavaliar nossas reações coléricas e aprender algo útil com elas. Com as ferramentas adequadas nos tornaremos capazes de pôr em funcionamento mais uma engrenagem desta complexa máquina que denominamos *Eu*.

Transforme Sua Raiva Num Piscar de Olhos

Usando o que em PNL é conhecido por "submodalidades", é possível passar do estado de raiva para um estado de bom humor "automaticamente". Aqui vai a dica, passo a passo.

1 - Relembre a situação que lhe causou a raiva. Veja o quadro com nitidez, em cores, aumentando seu brilho e luminosidade, como se fosse numa tela de cinema.

2 - Associe-se à imagem ("entre" nela, ou seja, sinta-se ali, vendo apenas as partes do seu corpo que você é capaz de ver quando não há um espelho por perto); relembre o que foi dito, com a máxima fidelidade possível, "aumentando o volume" para acentuar o calor da discussão.

3 - Em seguida, comece a diminuir a imagem, reduzindo-na ao tamanho de um cartão postal; torne as cores apagadas, tire o brilho, torne-as mais escuras; "saia" da imagem (agora você se vê inteiro ali, como quem assiste a um vídeo ou vê uma fotografia); abaixe totalmente o som, de maneira que as pessoas apenas movimentem os lábios; e ouça (de verdade ou mentalmente) uma música engraçada ("Cantando no Banheiro", de Eduardo Dusek, é ótima). É riso certo...

Este é um exemplo de âncora auditiva; mas você pode usar recursos visuais (a pessoa que lhe causou a raiva vestida de baiana, por exemplo) ou cinestésicos (enquanto esperneia, a pessoa em questão exala um terrível cheiro de cachorro

MOLHADO...) UM LEMBRETE IMPORTANTE: A ANCORAGEM DEVE SER USADA APENAS PARA ESTADOS DE RAIVA SEM MUITA IMPORTÂNCIA (SE O SEU CHEFE BRIGOU COM A MULHER E ESTÁ SENDO INJUSTO AO LHE CHAMAR A ATENÇÃO, ISSO NÃO IMPEDE QUE VOCÊ SINTA RAIVA DELE; MAS, SE O FATO SE REPETE E A BRONCA NADA TEM DE CONSTRUTIVO, UMA ÂNCORA SERÁ SUFICIENTE PARA QUE VOCÊ RELEVE A SITUAÇÃO); CASOS DE RAIVA MAIS GRAVES (A REVOLTA CAUSDA PELA PERDA DE ALGUÉM QUERIDO, UMA OFENSA MARCANTE, UM TRAUMA, ETC.), REQUEREM ANÁLISES MAIS APROFUNDADAS E TÉCNICAS MAIS ESPECÍFICAS.

Ai, Como Dói!!

Rua Major Sertório, centro velho de São Paulo, 19h30. Mais propícia a cenário de filme policial amerciano classe B, a região comercial começa a dar espaço aos bizarros personagens da noite. Mendigos em suas camas de papelão disputam as melhores vagas nas calçadas, bem como travestis e prostitutas demarcam, segundo seu próprio código de ética, seus pontos de trabalho. Enquanto as lojas se preparam para fechar suas portas, outro tipo de comércio está apenas começando... Durante essa transição, a convivência entre os comerciantes e transeuntes é natural e pacífica, embora alguns mais afoitos utilizem técnicas de vendas um tanto agressivas.

Feliz e despreocupada, num balcão de fotos quase à beira da calçada, escolho um porta-retratos para emoldurar a expressão de alegria que envolve com ternura meu irmão e sua cria, o pequenino Vinícius. Examino alguns álbuns de fotografias, me ocupo dos preços, formas, acabamento. No melhor das projeções dos meus sonhos, sou abordada por um pedinte sujo, de aspecto doentio e infeliz, que murmura alguma coisa incompreensível. Como de costume, desvio o olhar e mecanicamente respondo com firmeza um sonoro "NÃO", sem deixar brechas para prosseguir conversa.

Mas o rapaz insiste e captura minha atenção; observo compassivamente o farrapo humano, maltrapilho e imundo, de expressão amargurada. Um trocado, um vale-refeição, qualquer coisa que possa ser revertida em alimento, ele implora. Percebo que aquela alma também precisa ser alimentada urgentemente. Porém, me mantenho firme na disposição de negar ajuda. Não, me recuso firmemente a ser responsável pelo lixo social.

Do caminho de casa aos lugares que comumente freqüento, seja o shopping center, a editora, o *bureau* de comunicação ou o cinema habituais, sou abordada, em média, por umas trinta pessoas, entre pedintes e vendedores ambulantes. Constituem assim uma espécie de trapaceiros em potencial, todos ávidos por tomar de mim alguma migalha dos meus merecidos rendimentos. Anos atrás eu me abria a cada proposta, julgava o mérito de cada questão e optava por abrir ou não a bolsa. Até o dia em que fui ameaçada por um pequeno delinqüente de uns nove anos de idade que, tendo negada sua esmola, repetiu o pedido de maneira mais convincente, exibindo um pequeno estilete enferrujado que escondia na manga: "Tia, me dá dez reais senão furo você todinha..."

A partir de então, lacrei meu coração, bem como os vidros e portas do carro, e me fechei às negociações. Nenhuma ajuda, minha caridade tem hora e endereço marcados através de trabalhos assistenciais voltados a pessoas que me dêem algum retorno, como, por exemplo, a satisfação de acompanhar seus progressos pessoais. Mas confesso que a triste figura do mendigo visivelmente faminto pôs em xeque a estrutura tão bem resolvida à luz da razão. Uma opressão no peito, um nó na garganta, o olhar perdido ao longe me fizeram reconhecer uma emoção até bem pouco por mim esquecida: a culpa.

Sou da geração dos anos 80, de formação humanitarista, papo-cabeça, que defendia idéias socialistas, apontando com o dedo em riste para os flagelos criados pelo capitalismo selvagem. "Eles", porcos capitalistas, eram os culpados pela desigualdade entre os seres humanos, o fortalecimento do sistema de classes e o alargamento, em proporções geométricas, da base da pirâmide social. Até meus 21 anos, durante minha militância intelectual (e pouca vivência, diga-se de passagem), a culpa era "deles", eu não tinha a menor participação.

Recentemente, através de uma prática terapêutica, a Terapia da Linha do Tempo, pude observar o quanto escamoteei minha culpa ao longo dos anos. Apesar da formação católica, nunca engoli a idéia do pecado originado pela maçã, aliás uma das minhas frutas prediletas... Optei muito cedo por não carregar os pecados do mundo, fossem esses originais ou não. Mais tarde, através das correntes espiritualistas, abracei fortemente a idéia de que todo ser humano age sempre de acordo com a plenitude de sua capacidade e conhecimento, fazendo o seu melhor a cada momento; isso veio reforçar a idéia de que somos todos inocentes, até prova em contrário.

Minha máxima culpa não se refere propriamente a algo terrível que eu tenha feito a alguém; reflete antes alguma coisa triste envolvendo pessoas queridas que não souberam entender minha afeição; para não me sentir magoada, geralmente opto por me sentir culpada: "ah, bem que eu poderia ter sido mais compreensiva, ter feito mais isso ou mais aquilo, ter agido assim ou assado..." Mas a culpa existe, ali bem escondida entre tantos sentimentos inúteis.

Culpar-se pelos erros dos outros e as misérias do mundo é prática bastante comum; parece que nos reconfortamos aos nos sentir pelo menos um pouco culpados; como se tivéssemos de arcar com uma parcela da culpa humana arquetípica para fazer parte da grande e pecadora irmandade judaico-cristã. A imagem do Deus vingativo, onipresente e onisciente, que a todos pune, paira como um raio pronto a ser disparado sobre nossas cabeças a qualquer momento.

Culpa é doença relacionada ao passado, você só se sente culpado por algo que já fez. Por isso, como ressalta o terapeuta americano Wayne W. Dyer,[1] é um sentimento absolutamente inútil, uma vez que nos imobiliza no presente por alguma coisa que já aconteceu e não poderá ser mudada, não importa quão culpado você se sinta. Segundo Dyer, dois caminhos básicos nos conduzem à culpa: o aprendizado durante a infância — a culpa residual — ou a auto-imposição na idade adulta quando se infringe um código que nos dispusemos a cumprir.

A culpa residual advém da manipulação dos adultos na tentativa de controlar o comportamento infantil. A velha piada da diferença entre a mãe italiana e a mãe judia (enquanto a primeira ordena "*come, senão eu **te** mato!!*", a segunda dramatiza, "*come, senão eu **me** mato!!*") satiriza uma das práticas mais comuns de "negociação" entre pais e filhos, resultando em padrões de culpa que serão arrastados por toda a vida. Mais tarde, por associação, o indivíduo sente-se culpado toda vez que se defronta e contraria algum tipo de autoridade que substitui a figura dos pais (como o patrão, por exemplo) ou as instituições (a Igreja, o grupo de amigos, a esposa).

Uma amiga recorda uma cena de infância bastante comum. Certo dia em que a classe toda estava em polvorosa, ela soltou um berro estridente, bem no momento que o professor mais chato da escola entrava em aula. *"Quem gritou?"*, perguntou o rapaz, óculos apoiados no focinho feroz. Silêncio total. *"Quem gritou?"*, tornou a perguntar. Timidamente, a garotinha sussurrou um quase incompreensível *"Fui eu"*. Ele deu por encerrado o interrogatório e prosseguiu com a aula normalmente. Muitos de nós, sem dúvida, já presenciamos outros finais menos felizes para a mesma história. Pessoalmente fui testemunha de um deles, onde o culpado não se acusou. Resultado: um trabalho para todos da classe de inúmeras páginas sobre um assunto tão sem importância que nem mesmo me lembro do que se tratava... A culpa seria, pois, aprendida. Ou pior, ensinada.

Já a do tipo auto-imposta é mais marcante, porque surge na idade adulta, quando o indivíduo possui compreensão e livre-arbítrio desenvolvidos e, por algum motivo, rompe uma regra socialmente pré-estabelecida. Um casamento que desmorona e o descumprimento do compromisso de amar alguém "até que a morte os separe" podem se traduzir em culpa auto-imposta. Como se fosse possível recair apenas sobre um dos parceiros a responsabilidade pela felicidade de ambos...

Começo a recordar estranhas histórias envolvendo pessoas queridas em plena crise de culpa. Como a do amigo que se dizia culpado por um aborto. Pasmem, ele não era médico, tampouco candidato ao prêmio Nobel de medicina por ter-se tornado o único homem capaz de gerar um bebê em suas próprias entranhas... Simplesmente sugeriu — ou induziu, segundo suas próprias palavras — à namorada grávida a prática, que além de ilegal é considerada altamente imoral. Aqui não discuto o tema à luz da legalidade, da moralidade ou da espiritualidade; apenas me parece um enorme contra-senso sucumbir ao peso da culpa sem sequer dividi-la, já que não me consta que a senhorita tenha sido ameaçada fisicamente para que concordasse com tal atitude. Eram apenas duas crianças, sem qualquer perspectiva concreta acerca de seus futuros, evitando lançar uma terceira nessa aventura, a seu ver perigosa e cruel, que é a vida... No entanto, sempre que as coisas não iam bem, ele pensava no inevitável "castigo de Deus" por ter sido um menino tão mau.

"Será que tudo o que eu gosto é ilegal, é imoral ou engorda?", diz um verso da dupla Erasmo e Roberto Carlos. Culpa é a melhor desculpa, se me permitem o infame trocadilho, para se evitar a felicidade. O prazer de qualquer natureza é sempre associado a uma pontinha de culpa. Uma mesa farta nos remete às manchetes das crianças famélicas da Etiópia; a diva nua da revista masculina traz à lembrança a mal-amada companheira, cujo brilho do olhar de há muito foi esquecido; até mesmo o fazer bem feito pode nos reportar à incômoda idéia do quanto somos tolos em desperdiçar nossa preciosa energia com uma tarefa que só dá cartaz ao nosso tacanho chefe, quando poderíamos estar desfrutando de um tempo extra junto aos nossos filhos ou amigos... Pelo prazer tudo? Nada!!! Então, como é que é? *Cul-pa-do! Cul-pa-do! Cul-pa-do!!!*

A sexualidade é um dos alvos mais visados pelo estigma da culpa. Sejamos homens ou mulheres, hetero ou homossexuais, sexo é ensinado como algo feio, reprovável, pecaminoso. A atividade sexual, das mais criativas, naturais e instintivas do ser humano, foi tão burilada intelectual e socialmente que se transformou numa complicação. O feminismo trouxe como postulado fundamental e infeliz contribuição, a obrigatoriedade de nos tornarmos "bons/boas de cama"; o orgasmo, prazer único, individual e intransferível, transformou-se em assunto da grande mídia, vulgarizado e sem limites entre a liberdade e a libertinagem. Resultado: tome culpa! Da boca para fora, liberou geral. No íntimo, porém, permanecemos os eternos caretas confusos de sempre, usando sexualidade como moeda para fins de trocas e não como instrumento de amor e prazer, já que prazer e culpa são naturalmente excludentes. E dá-lhe aids, crime e castigo... Diante da ausência de bom senso, me vem à mente a sabedoria do mestre iogue Ramana Maharishi, que em sua pureza apregoava: *"sua obrigação não é ser isto nem aquilo, mas simplesmente ser..."*

Em meio a tantas contradições do pensamento ocidental, como simplesmente ser? Um caminho válido é o da escolha consciente. Descomplique! As bases do pensamento positivo se firmam sobre dois alicerces fundamentais: você não pode querer e não-querer uma coisa ao mesmo tempo *(traduzindo em linguagem positiva: afirme o que quer e não perca tempo com o que não quer!)* e somente quando se sabe aonde se quer ir nos é permitido chegar lá *(ou seja: delineie com clareza o seu objetivo)*. Percalços no percurso? Desculpas da culpa.

O que nossa mente pensa lucrar com esse sentimento tão inútil? A culpa pode nos reportar a uma espécie de fuga frente à realidade. Se você quer protelar uma mudança, nada mais eficaz. Em vez de simplesmente aprender com o "erro" do passado e tocar a vida adiante, você se apega àquela experiência negativa evitando repetir a atitude que provocou a desagradável situação; meu amigo, por exemplo, optou por nunca mais ter filhos e permanecer culpado pelo aborto provocado.

Há quem opte pela culpa na esperança de que esse comportamento o torne digno de ser perdoado; assim o remorso conduziria ao perdão. Há ainda os que gostam de ser manipulados e permitem que os outros os façam se sentir culpados, pois assim obteriam a aprovação dos mesmos, numa espécie de retorno à infância. Como a filha arrependida que volta à casa paterna depois do casamento desfeito e assume sua "culpa" por ter escolhido para marido aquele crápula, mesmo sob a total reprovação dos pais. O arrependimento permite que ela seja aceita sem muitas críticas, enternecendo o coração dos familiares e dando-lhes uma falsa superioridade compreensiva. A culpa também desencadeia ímpetos de piedade e falsa bondade dos outros em relação ao culpado.

Por pior que pareça, a culpa é algo conhecido, sobre o qual podemos manter controle; nós próprios nos castigamos antes que alguém mais cruel o faça. Ela nos protege da pecha de "meninos maus" e "cidadãos indignos", ao expor nossa vulnerabilidade. Evita que encaremos nossa verdadeira — e grotesca — face; permite que sejamos aceitos. Talvez, neste momento, a culpa ainda lhe pareça uma boa solução para seus problemas, embora, particularmente, eu a considere o próprio problema em si. Caso você tenha aceito meu convite à reflexão, permita-me apresentar-lhe então alguns antídotos contra a culpa.

O que você ganha abandonando a culpa? Em primeiro lugar, autonomia para agir segundo sua própria vontade e tentar novos caminhos, mesmo que a trilha se inicie através de experiências semelhantes a algum fato mal-sucedido do passado. Outra boa recompensa consiste em se ver livre da manipulação dos outros, aprendendo a resignificar certos comportamentos. Como uma amiga que disse ter aprendido a não sentir a mínima culpa ao ter sua carona recusada pela tia idosa, que mora com ela e prefere caminhar três quadras para receber sua aposentadoria; mesmo que em casa ela venha eventualmente a se fazer de vítima, a sobrinha zelosa não se sente mais responsável pela recusa da tia.

Descortinar o denso véu da culpa nos permite ver com mais clareza a realidade à nossa volta e amplia nosso poder de decisão, deixando de lado as limitações. Permite ainda uma revisão criteriosa de seu sistema de valores, revela traços da sua personalidade até então não observados (e que podem ser mudados, caso você não goste deles!). Tira um peso enorme dos nossos ombros, nos conduz ao exercício da escolha; permite-nos agir com leveza, alegria e prazer, tornando-nos pessoas mais agradáveis de se conviver.

Reexamino minhas culpas e vislumbro o que de bom realizei após as atitudes que me causaram esse incômodo sentimento. Não fui a tão sonhada advogada, como muito desejava meu pai, mas faço com amor o meu trabalho, empenho sempre o meu melhor nesse ofício de reunir letras, palavras e idéias. Não sou a profissional famosa da qual os amigos almejavam se orgulhar, apenas a jornalista que se ocupa em buscar ferramentas para bem viver e deixar viver. Talvez não seja a filha, a mãe, a mulher, a amiga ideais, mas simplesmente alguém em paz com sua consciência, plenamente feliz com suas conquistas e, quanto possível, dedicada. Um simples ser humano neste eterno aprendizado de perdoar-se e perdoar; errar e superar os erros; e continuar sempre, com toda a alegria e vontade de viver possíveis. Coloco-me ao largo dos julgamentos, relaxo, deixo a vida acontecer. Meu veredito? Inocente, sempre...

Libertando-se da Culpa

Algumas práticas úteis para você trabalhar sua culpa. (Baseadas em sugestões de Wayne W. Dyer)[2]

1 - Olhando-se no espelho, repita seis vezes a seguinte frase "O meu sentimento de culpa não mudará o passado nem fará de mim uma pessoa melhor".

2 - Faça uma relação de suas culpas em duas colunas, colocando o fato na coluna da esquerda e a data na coluna da direita. Observe as eventuais correlações entre os fatos e se eles alteraram algo em sua vida.

3 - Experimente fazer alguma coisa que normalmente o conduz a um estado de culpa (negar uma esmola, sair sozinho, usar de franqueza). Observe a questão por outro ângulo e veja se consegue detectar o lado positivo dessa atitude.

4 - Desative o mescanismo de manipulação das pessoas, demonstrando que você é capaz de lidar com o desapontamento delas em relação àquilo que esperam de você.

5 - Perdoe-se.

O Ego Sem Dono

Oito da manhã. Com meu relógio mental ajustado para esse horário rotineiro, abro os olhos sonolentos para um novo amanhecer. *"Logo de manhã, bom-dia!"*[1], me saúda Zizi Possi através dos versos leves e descomprometidos de Swamy Jr. e Paulo Freire. Acordo sempre de bom-humor, todo dia é uma promessa de vida, o que, por si só, já é uma bênção dos Céus.

Com os cabelos embaralhados, o olhar caído de cachorro são-bernardo e a pele pálida, contemplo o espelho. Banho o rosto com água fria e finalmente percebo o despertar da consciência. Os olhos, agora mais atentos, observam com certa preocupação um sombreado de olheiras; pensando bem, talvez o dia nem seja tão bom assim...

Preciso parar de comer carne, deixar de lado as tentações da mesa. Comer e beber só até às onze da noite, como ensina o mestre chinês Liu Pai Lin; depois disso, o fígado está dormindo... Isso mesmo, grande idéia. Com um pouco de disciplina e dieta alimentar, talvez minha aparência recupere o viço e o frescor dos vinte anos.

Acendo a luminária e dou um *close* com o espelho de aumento. Nossa! Mais uma ruguinha! Uma nova "linha de expressão", como dizem elegantemente algumas vendedoras de cosméticos. São essas pequenas e inevitáveis "novidades" que nos fazem sentir cada dia mais velhos... "Até os trinta, você tem a cara que a vida lhe deu; depois dos trinta, tem a cara que bem merece", segundo o pensamento de Coco Chanel.

Hora do desjejum. Ok, vamos pular essa parte, preciso emagrecer quatro quilos pra ficar igualzinha à Naomi Campbell; faltam-me uns dezoito centímetros de altura e aquele tom de pele achocolatado que despedaça corações. Mas esses detalhes eu resolvo depois. Abro o armário e alcanço uma camiseta, um *jogging* qualquer, calço meias felpudas e o tênis mais velho que consigo encontrar. Penteio os cabelos com os dedos, pego a bolsa e corro à garagem. Nove quilômetros me separam da associação onde pratico tai-chi chuan; quanto mais cedo melhor, é verdade, mas não aceito o prazer que impõe sacrifícios, por isso ainda me permito cultivar o péssimo costume de me deitar e levantar altas horas.

No caminho há um farol demorado bem em frente a uma academia de ginástica. A fachada de vidro e concreto, com detalhes em cores vivas, sugere dinamismo; a porta giratória, num vaivém constante, reforça a idéia de "agito". Como numa vitrine, corpos jovens e recauchutados se exibem. Não sei o que vai por aquelas mentes, mas os corpos suados parecem exauridos, num desperdício de energia. Com fones no ouvido e o olhar distante, as pedaladas na bicicleta ergométrica executadas através de gestos mecânicos sugerem a separação de duas metades distintas; corpo e mente parecem estranhos um ao outro: enquanto o primeiro se ocupa, a outra se preocupa.

Paredes forradas de espelhos permitem observar-se sob todos os ângulos; sempre há um ponto a ser aprimorado em nome da perfeição. Até hoje não assimilei que estigma perfeccionista é esse. A maioria dos atletas de academia que conheço pouco se preocupam com a saúde, é puro senso estético. Continuam fumando feito chaminés, comendo e bebendo desregradamente, sofrendo muito e sentindo pouco prazer. Queixam-se de cansaço, reclamam dos resultados ainda insatisfatórios, do tempo perdido, dos sacrifícios. Uma vida perfeita corre lá fora como meta a ser perseguida; muito mais saudável, porém, seria se dar um tempo e examinar com cuidado a própria ecologia interior.

Do outro lado da rua, um *outdoor* exibe uma mulher maravilhosa e dá a receita para se ter cabelos perfeitos. Para minha surpresa, não se trata de mais um comercial de xampu, mas de um óleo comestível, indicado para o preparo de frituras. Pois é, rosto bonito também vende colesterol...

Goela abaixo os mitos da vaidade nos vão sendo entuchados. Neste país mulato é comum nos depararmos com moças de nariz achatado, grossas sobrancelhas negras e cabelos em tons de espiga de milho, já que os homens preferem as loiras... Mesmo que isso lhes custe boa parte do salário e muitas horas no salão de beleza, não importa, melhora a autoestima. "Eu gosto mais de mim quanto mais me pareço com aquilo que *os outros* esperam que eu seja..."

Aviso aos navegantes dos misteriosos mares da vaidade que por mais que nos maquiemos e enfeitemos, jamais conseguiremos chegar à perfeição das capas de revista. A menos que nos submetamos aos mágicos retoques a laser dos fotolitos que garantem sempre a melhor impressão. Curiosidades gráficas à parte, aquilo que vemos diante do espelho é arte-final e não rascunho, estejamos satisfeitos ou não.

"Eu me amo, eu me amo, não posso mais viver sem mim"[2], repete de maneira jocosa o refrão da música satírica do grupo paulista Ultraje a Rigor. Nesse exercício equivocado de amar-se, muitos valores internos da mais alta importância vão sendo relegados ou substituídos; aí já não é prática de auto-aceitação, mas a busca desesperada de uma identidade que sirva de fachada, de escudo para estabelecer uma relação com o mundo "lá fora". As armaduras protegem, mas também inibem nossos sentidos em relação à realidade exterior e não nos dão chance de entrar em contato com o novo e nossas necessidades e desejos mais íntimos. Ficamos na mesmice do *"eu sou"*, sem perceber o quanto fluímos e aprendemos quando apenas nos deixamos *estar*...

A imagem do "eu maravilhoso" que se basta e se apaixona por si mesmo, chegando a morrer em nome dessa auto-estima exacerbada, está presente no mito de Narciso, o belo rapaz que desprezava o amor. Assediado por várias ninfas, um dia despertou o amor de Eco, a jovem tagarela que havia sido punida por Hera. Suas histórias incessantes distraíam a esposa de Zeus enquanto este se ocupava com novas conquistas amorosas; assim, a ciumenta Hera pôs fim ao falatório, condenando a ninfa a apenas repetir as últimas sílabas das palavras pronunciadas ao seu redor.

Eco persegue o objeto de sua paixão, mas não consegue se comunicar com Narciso; entediado com aquela repetição incessante, o jovem pede à ninfa que apareça. Mas, quando ela tenta abraçá-lo, ele a repele. Infeliz, Eco se refugia numa caverna com seus lamentos, até tornar-se pedra. Revoltadas com o triste fim da jovem, outras pretendentes rejeitadas pedem a Nêmesis uma punição exemplar para o cruel Narciso; com seu senso de justiça, a deusa faz com que ele, voltando de uma caçada num dia de intenso calor, se debruce sobre um lago para beber. Ao ver a própria imagem ali refletida, Narciso se apaixona perdidamente pelo belo rapaz e torna-se insensível a tudo que o rodeia até o momento em que tenta abraçá-lo e beijá-lo, afogando-se no lago.

Conheço muitos Narcisos modernos; refletindo sobre suas histórias, percebo que, na maioria das vezes, como no mito, a atitude narcisista advém de malogros amorosos. Há o rapaz divorciado, com ares de solteirão convicto, investindo firme na sedução através do olhar que encerra o mais puro e angelical azul do céu, mas que apenas promete e pouco se dá; sua alma transparente é embaçada pelo escudo protetor do não-envolvimento. Preocupado em amar-se, não abre espaço para que ninguém mais lhe possa oferecer carinho e atenção desinteressados. *"Mulheres inteligentes são perigosas"*, ele afirma. Elas põem em risco a frágil estrutura erguida a duras penas, uma estaca escorando aqui, um pouco de reboco tapando uma rachadura ali. Não concordo com sua proposição; observando seu modelo de mundo, acredito que, para ele, *mulheres em geral* são perigosas. Talvez por isso insista em se divertir com garotas mais jovens e sem propósitos delineados, como um menino na mais tenra idade que brinca com bonecas... De longe eu o contemplo e, sob o meu ponto de vista, ele é apenas uma presa indefesa em potencial da loba malvada que se disponha a soprar, soprar... até a casa desabar.

Num bar de solteiros deparei com uma cena que seria cômica se não fosse trágica. Em torno de uma grande mesa redonda, quatro rapazes com ares de quem conta vantagens bebericavam e riam. Um outro, cheio de etiquetas de grife e com um perfume enjoado que envolvia todo o quarteirão, chegou por último e se alojou no ninho de predadores. Cumprimentou-os desinteressadamente, pediu uma bebida, depois sacou um telefone celular e pôs-se a ligar freneticamente, com o olhar perdido, entremeado com algumas gargalhadas calculadas. Ao cabo de uns quarenta minutos, tomou um gole, ajeitou o colarinho, alinhou os cabelos, despediu-se friamente e foi embora. Nenhum gesto de simpatia ou intimidade para com os demais nem mesmo com o ambiente que o cercava. Completamente alheio a tudo e a todos, seu gesto de individualismo me fez pensar que, provavelmente, ele só saiu de casa porque talvez ali não dispusesse de uma grande mesa redonda e alguém que lhe servisse um uísque...

Belas mães de meia-idade competindo com as filhas adolescentes são também um quadro narcíseo comum. Elas usam as mesmas roupas — se possível esforçam-se por manter o mesmo manequim —, e chegam a disputar corridas assentadas sobre aqueles patins esquisitos, não pelo prazer da brincadeira, mas porque as envaidece parecerem "duas irmãs"... Algumas tentam impor às garotas seus modelos, criticando a maneira como se vestem, se comportam, se divertem. A vaidade cria um muro em vez de uma ponte na comunicação entre ambas.

Homens respeitáveis ostentam objetos luxuosos e são vaidosos na exata proporção de seus bens. Alguém devia lembrá-los de que zeros não valem nada... Mesmo assim, quanto mais desses algarismos possuem em suas contas bancárias, mais senhores de si eles se sentem, dispondo de pessoas e coisas como quem caminha rumo à auto-suficiência. Seria útil lembrá-los, como dizia o poetinha Vinícius de Morais, que desta vida nada levarão, "só seu terno de estimação". Que fossa, hein, meu chapa, que fossa!!

A vaidade nos faz enxergar a realidade através de lentes de aumento que distorcem e embaçam a visão. Criamos uma imagem grandiosa e idealizada acerca de nós mesmos, nos deixamos dominar totalmente pelo ego, o que pode culminar no egoísmo exacerbado. O terapeuta corporal Alexander Lowen[3] afirma que a exagerada imagem de auto-suficiência que o narcisista cria acerca de si mesmo tenta escamotear sua profunda dependência da aprovação do outro. Corpos esculpidos pela musculação em nome da perfeição narcísea ocultam um sentimento de fragilidade; a armadura de músculos reduz a espontaneidade, a vivacidade, a motricidade e pode causar prejuízos à respiração. Tentar atingir um modelo perfeito segundo os ditames da moda, priva o indivíduo de apreciar os bons sentimentos inerentes à natureza do seu corpo tal como é.

Auto-estima foi a palavra de ordem da geração adepta aos analistas de divã por excelência. Assim como o feminismo levado ao extremo culminou numa tremenda confusão acerca da feminilidade, também a auto-estima exacerbada conduziu às raias do egoísmo e individualismo exagerados. Nesse contexto, o narcisismo é apenas uma das ferramentas de que se valem os adeptos do "eu sou mais eu", também conhecido como "clube do eu-sozinho". Cada qual parece ter reinventado à sua maneira os sentimentos, criando códigos totalmente incompatíveis. Auto-estima e auto-suficiência exageradas tornaram-se agentes da solidão, mal de que muitos se queixam.

Ante a propagada "Nova Era", impõe-se uma

revisão urgente acerca do que seja auto-aceitação e auto-satisfação. Somente tendo aprendido a lição acerca de quem somos, tornamo-nos capazes de interagir com o mundo, trocar, aprender. A primeira aula acerca da nossa individualidade passa pelo capítulo de enxergarmos também nossas deficiências, partindo para nosso aprimoramento pessoal em vez de simplesmente nos aceitarmos da maneira que somos. Cientes disso, como prega o mestre tibetano Tarthang Tulku[4], dificilmente mantemos atitudes de superioridade em relação aos outros, abrindo-nos às trocas, já que estamos todos num mesmo patamar evolutivo. Esse auto-exame permite uma conscientização maior não apenas de nós mesmos, mas da humanidade como um todo. Quando nos olharmos sinceramente e conseguirmos enxergar alguma coisa a mais além da fachada estampada em nossa face, sem dúvida estaremos numa boa direção.

No caminho de volta, ao refletir sobre narcisismo e vaidade, sinto suavizarem algumas rugas. Um bonito sorriso ilumina minha face, clareia as olheiras, descansa minha pele e relaxa meu corpo. Quatro quilos acima do peso ideal fazem com que eu pareça saudavelmente comigo mesma. Do alto dos meus 38, já não quero ter vinte anos nem ser Naomi Campbell; ao olhar no espelho, no fundo dos meus olhos, quero ver apenas o reflexo de uma alma eternamente bela.

Lidando com a Vaidade

1- Aprenda a admirar sua própria beleza. Ela é única no mundo.
2 - Juventude é um estado de espírito. Lemre-se disso!!
3 - Valorize seus pontos fortes. Invista em você.

Carente Profissional

Maria é prestativa, gentil, um amor. Sempre foi assim. E acreditou que sempre seria. Perdeu a mãe cedo demais, foi criada por uma tia rabujenta que vivia dizendo que a deixaria "na porta do orfanato" caso ela se comportasse como uma menina feia e desobediente. Assim ela cresceu, na barra da saia da tutora, sem autonomia sequer para decidir por si própria que vestido usar na missa de domingo...

O tempo passou e a garotinha teve de ir para a escola. No começo, a choradeira se repetia dia após dia. A sensação de abandono era terrível, embora, no fim da tarde, a tia-madrasta sempre aparecesse para resgatá-la com ar mal-humorado e nenhum gesto de carinho. Nas aulas, o comportamento se repetia: serviçal e quieta, raramente levantava a voz. Em compensação, ficava branca até o último fio de cabelo por apagar a lousa toda hora, envolta na névoa poeirenta do giz. E tome cascudo ao chegar em casa "que eu já te falei que tô cansada de lavar esse avental imundo todo dia".

A adolescência foi um novo pesadelo. O corpo desengonçado não respondia aos seus gestos, o rosto acnéico, os peitos enormes, proeminentes e ainda uma terrível celulite de tanto comer doce, de tanto comer doce... Nos bailinhos, ela era sempre a DJ, em trajes de moleque, enfiada num canto da sala a trocar discos e pôr o som mais maneiro pra moçada dançar. Todo mundo achava um barato e se divertia à beça, menos ela, que sabia que todo convite pra festa trazia implícita a incumbência que ninguém queria... Mesmo assim, prosseguia, já que essa era a única forma de participação possível.

Os anos se passaram, a garota espichou e tornou-se uma jovem de olhar embaçado e ombros curvados. Feito uma Cinderela, lavando a janela do terraço, viu passar um dia o seu príncipe encantado. Não que ele fosse bonito, galante ou algo assim. Era simplesmente um rapaz inexpressivo para quem os pais haviam encontrado uma moça caseira e virtuosa.

Assim ela se casou, na esperança de ser feliz para sempre. Não entendia nada de sexo, mas se sentia aceita e aprovada quando mantinha relações com o marido, igualmente inexperiente e sem fantasias. Sua atenção se voltava agora às mínimas coisas do lar, de colarinho mal-passado à escovação das franjas do tapete num único sentido. A monotonia imperava e ela convivia resignadamente com a mesmice, o que poderia fazer? Sem muito pensar vieram os filhos, um, dois, três, quatro. Dedicou-lhes a vida. Quando deu por si, eles já eram uns poltrões independentes, sempre reclamando de que ela fazia tudo errado.

"Quarenta anos!", ela refletiu. *"E agora, Maria?"*, parafraseando o grande Drummond, *"para onde?"*[1] Sentada sobre o tapete de franjas intactas, debulhando uma caixa com antigas fotografias, Maria é apenas *"uma garotinha cansada, com suas meias três quartos, esperando o ônibus da escola, sozi-*

nha"[2], como nos versos de Cazuza. As lágrimas rolam como uma límpida cascata d'água e, pela primeira vez, Maria se pergunta: para onde?

O marido chega cada vez mais tarde, os filhos saem cada vez mais cedo, sem hora certa pra voltar. Maria tem todo o tempo do mundo para cuidar de si mesma, mas não imagina por onde começar. Tempo demais, é preciso encontrar ugentemente um alvo para tanta dedicação.

Vitimada pela síndrome da dependência, Maria vestiu a máscara de "boazinha" por anos a fio e já não sabe como se livrar dela. Esse artifício tornou-lhe possível conquistar amigos, constituir uma família e até mesmo influenciar pessoas com sua fala de menina, cheia de diminutivos e gestos acanhados. Se havia uma festa, lá estava ela, toda arrumada e de vestido novo, com o dinheiro arrancado entre suspiros e lágrimas do bolso apertado do marido... Amigas levavam-na pra cima e pra baixo, a fazer compras, a freqüentar reuniõezinhas, até mesmo à missa dominical, "porque Maria não sabe dirigir". A sogra ajuda no que pode, "tão boa mãe, a Maria, sempre prestativa..." Por baixo da máscara de anjo, que mulher se esconde? Quanta mágoa engolida, quanta tristeza, quanta energia boa e criativa se perdeu na manutenção desse triste e inexpressivo papel?

Quando se é criança, depende-se naturalmente dos pais para quase tudo. Na primeira infância, somos, de fato, muito dependentes: não podemos escolher nossa alimentação (talvez por isso nos tornemos uns adultos de hábitos alimentares tão precários!), precisamos de alguém que cuide de nossa saúde e higiene e até mesmo de quem nos ensine a pensar. Mas, por volta dos sete anos, tal como o simbolismo do arcano VII do tarô, o Carro, somos capazes de tomar nas mãos as rédeas de nossa vida. Fazemos escolhas e podemos, sozinhos, atravessar uma rua ou comprar um sorvete na cantina da escola. Sabemos dizer não quando alguém de quem não gostamos nos pede um brinquedo ou um lápis emprestado. Nos vestimos sozinhos (ainda que imitemos a Xuxa...), cuidamos pessoalmente do nosso banho diário (embora não lavemos direito os pés e as orelhas), devoramos batatas fritas e franzimos o nariz ao espinafre e à beterraba (argh!!).

É por aí começa nossa escalada rumo à independência. Cada dia representa um novo desafio, uma nova conquista. Nossas armas? Raciocínio, intuição e muita, muita informação. O inimigo? O desconhecido, tudo aquilo que por ignorância tememos, antes mesmo de saber se é ou não bom para nós.

Durante a adolescência, a confusão se instala de modo mais evidente. Somos vigiados, cobrados, temos de seguir rigidamente preceitos sociais e morais. Passamos a imitar os adultos nos seus acertos e erros, somos duramente criticados. Às vezes continuamos superprotegidos como a moça que sequer lavava as próprias calcinhas porque a mãe não queria que ela estragasse suas mãozinhas de fada; ou o rapaz descolado que toma emprestado o carrão do pai militar todo final de semana e sai atropelando faróis, pensando que é dono da rua. Sem dúvida, isso nos torna adultos mimados, irresponsáveis e alienados. Mais cedo ou mais tarde, porém, (geralmente muito mais cedo do que se possa imaginar), vamos ter de viver a nossa vida, fluir através dela, tomar decisões e criar seus rumos. E, se nos faltam nossos superprotetores, é como se o mundo ruísse aos nossos pés impiedosamente.

Na idade adulta, também evidenciamos características dos tipicamente dependentes nas mais diversas situações. Gente sem nenhuma iniciativa, que sempre precisa consultar o chefe. Filhos solteiros que deixam de lado seus programas porque precisam levar a mãe ao teatro, o pai ao supermercado, a avó na festa do vizinho... Maridos que precisam da aprovação da esposa para tomar uma cervejinha com os amigos, senão é o fim do mundo. Mulheres monitoradas pelos parceiros que insistem em saber como, quando, onde e com quem elas passaram a tarde inteira. Filhos que se escondem no colo da mãe quando vão a uma festa infantil e não há nenhuma criança conhecida. Pais que não largam dos filhos nessas mesmas festas porque são incapazes de manter uma conversa inteligente por mais de cinco minutos com um adulto jamais antes visto. Namorado que não larga a mão da namorada; namorada que não larga o pé do namorado. Enfim, uma lista interminável de casos...

Criar dependência ou ser dependente de algo ou alguém são hábitos igualmente nocivos, vícios incontroláveis e destrutivos. A exemplo do drogado, do alcoólatra, nosso "carente profissional" se recusa a assumir sua impotência no comando de seu próprio destino. "Posso voltar a trabalhar fora quando quiser", anuncia a esposa que largou a carreira para administrar lar e filhos, já que o marido "ganha bem". No começo, a situação é bem cômoda: ele ganha tranqüilidade em relação à sua casa e sua família, ela ganha seu sustento e, às vezes, até a satisfação de pequenos caprichos, por adivinhar as vontades do marido e dos filhos. Sempre que me deparo com essa situação, relembro as palavras debochadas de Plínio Marcos ao afirmar que essas mulheres sofrem de uma "síndrome de prostituta". Segundo ele, muitas de suas consulentes ao procurá-lo para a leitura de tarô, constatam que o que lhes atravanca a vida é o marido protetor. Com ar surpreso, a maioria delas exclama: "como posso deixá-lo, vou viver de quê?". Como se o papel de esposa lhes garantisse um emprego vitalício, ainda que não haja amor, companheirismo ou desejo, seguindo à risca o preceito popular do "é dando que se recebe", conforme afirma o sarcástico tarólogo.

É claro que, afastada por anos a fio da carreira, dificilmente essa mulher estará apta a enfrentar novamente o mercado de trabalho, em constante crescimento e, por conseguinte, com uma concorrência desenfreada. Seu comportamento alienado pode ser comparado ao do dependente de drogas que afirma "é só uma brincadeira, largo isso quando eu quiser". Os fatos comprovam, porém, que a dependência é um dos piores males da humanidade, de cura somente alcançável aos que atingem alto grau de discernimento, com muita tenacidade e admirável força de vontade.

Há pessoas que passam a vida se apoiando, saltando de galho em galho, mas sempre à procura de um ombro em que se pendurar. Homens que saem do domínio de pais autoritários e superprotetores para cair nas garras de uma mulher igualmente forte e dominadora; mulheres que mudam de dono, deixando que os pais escolham sua carreira e que os maridos as impeçam de exercê-la. Gente sempre em busca de uma muleta que, em vez de fazê-los aprender a andar por suas próprias pernas, atrofiam-lhes mais e mais seus membros, sua coragem e sua iniciativa; aí são necessárias cadeiras de rodas e o final trágico reserva-lhes apenas a inércia total e o terror da paralisia crescente e degradante.

Sempre fui favorável às muletas, porque podem

servir como instrumentos de apoio na caminhada rumo à libertação. Sempre fui avessa aos seus usuários, pois a tônica principal da Nova Era é a antiqüíssima máxima *"conhece-te a ti mesmo"*, endossada por uma não menos antiga *"você é 100% responsável por si mesmo"*. Apegar-se com desespero à sua muleta — mãe, pai, marido, mulher, filho, amigo, mestre —, seja ela qual for, não combina com nada que diga respeito à auto-estima e ao desejo sincero e profundo de responder à mais simples e ao mesmo tempo a mais complicada das perguntas: *"quem sou eu?"*

Sobre o tema, me parecem preciosas as palavras do lama tibetano Tarthang Tulku: "Temos uma rara oportunidade, nesta terra de ouro, de ser auto-suficientes, de ser generosos, de não representar uma carga para ninguém. Cuidar de nós mesmos não é tão difícil quando assumimos uma atitude aberta e disposta. Se fôssemos responsáveis pelas necessidades de 200 ou de 300 pessoas, poderíamos ter problemas; mas não é tão difícil assim cuidar de uma pessoa apenas. Pesamos 50 ou 100 quilos e temos apenas 1,50m ou 1,80m de altura, e, não obstante, a maioria de nossos problemas está na nossa cabeça, que não tem mais de 20cm de comprimento — e achamos difícil cuidar dela..."[3]

O ser humano não é naturalmente dependente, apenas, como qualquer outro animal, nasce dependente. Instintivamente, sua tendência é de proteger-se e talvez recorra a algo ou alguém para isso. Mas há tempo de manter essas defesas e há tempo de pô-las de lado.

Quando você é uma garotinha, aprende que não deve falar com estranhos e que se alguém olha ou beija você de maneira especialmente interessante isso é mau. No entanto, aos 15 anos você quer conhecer gente nova, despertar interesse sexual e trocar gestos — não apenas palavras — carinhosos com outra pessoa. E não há nada de errado nisso!! É preciso estar atento ao momento, às emoções e à sua própria consciência para poder responder o que é ou não adequado. Todas as respostas estão dentro de você, ninguém poderá fazê-lo, a não ser você mesmo.

Talvez nos pareça difícil aceitar como guias apenas nossa força interior e nossa convicção, quando sabemos que as crenças que povoam todo o nosso acervo de informações e de verdades contidos em nossa mente são apenas ilusões, como tais passíveis de transformações a todo momento, assumindo as mais variadas formas e conteúdos. Essa é apenas uma das desculpas para que fujamos àquilo que aprendemos a chamar de responsabilidade. O terapeuta americano Dr. Robert Anthony[4] sintetizou de maneira exemplar esse conceito ao afirmar que a responsabilidade é assustadora para quem a evita, mas altamente liberadora para quem adere verdadeiramente à idéia de ser responsávèl.

Em vez de carga, a atitude responsável acarreta alívio; em vez de dependência, gera assertividade e auto-estima. Quando aprende antes a satisfazer a própria necessidade ao invés de realizar a vontade dos outros, você está no caminho. Sem dúvida não lhe compete mudar o mundo, mas só você é capaz de mudar você mesmo. Isso é bom, embora temível, porque nos livra dos manipuladores sempre dispostos a nos tornar "vaquinhas de presépio". Segundo Robert Anthony, "o único meio de que se dispõe para melhorar o mundo é o da responsabilidade individual, cada um cuidando da própria vida de maneira construtiva."[5]

Espero que alguma Maria leia este artigo e que sinta uma vontade incontrolável de, pela primeira vez, deixar a comodidade do ninho e tomar nas mãos as rédeas do seu destino. Que deixe de lado a condição antiga de menina desprezada e a atual, de esposa mimada. Que desperte dentro de si aquela coragem latente para dar o primeiro, definitivo e mais importante passo de sua vida, rumo à libertação. Sei que esta coleção de parágrafos sobre o tema está longe de ser suficiente para tal transformação; mas tenho certeza de que é uma provocação sadia, um desafio aceitável e será motivo de grande realização para mim se uma única Maria se vir frente a frente com sua dependência nociva e optar pela mudança...

Abandonando a Dependência

1 - Observe-se. Perceba quantas vezes você inclui outras pessoas no seu discurso. (Muitas pessoas, quando questionadas acerca da sua própria opinião encontram sempre um meio de introduzir frases do tipo "o meu marido acha", "minha mãe sempre recomenda", "como já dizia minha avó", etc.) Repita mentalmente esses diálogos usando a primeira pessoa do singular (EU). E com seus próprios pontos de vista, é claro.

2 - Faça alguma coisa que, apenas por comodidade, costuma pedir a outra pessoa que faça por você (ir ao banco, escolher um presente para alguém, pagar uma conta). Observe suas sensações a respeito dessa atitude.

3 - Assuma responsabilidades. Uma vez na vida, na reunião de pais e mestres, do condomínio ou de qualquer grupo, deixe que sua mão siga aquele impulso irresistível e estique o braço quando perguntarem

"QUEM PODE FAZER ISTO?" (SEM OLHAR PARA OS LADOS NEM BUSCAR A APROVAÇÃO DE AMIGOS E PARENTES). E DEPOIS, É CLARO, DESEMPENHE A INCUMBÊNCIA O MELHOR QUE PUDER.

Síndrome de João-Teimoso

O Dr. Paulo chegou espumando no escritório. *"Que dia, que maldito dia!!"*, vociferava. Feito doido, começou um abre-fecha gavetas, revirando papéis e babando de raiva. Encolhida num canto da porta, a secretária observava. *"Os contratos de locação"*, balbuciou o chefe entredentes. *"O Sr. levou para casa"*, respondeu Rose, timidamente. *"Como 'levei pra casa?!' Deixei com você, tenho certeza! Entreguei na sua mão!"* repetia o homem transtornado, enquanto vasculhava as pastas empilhadas sobre a escrivaninha.

A esperta e experiente secretária engoliu em seco e saiu de fininho. Foi até a sua mesa e começou a organizar uns papéis, dando a impressão de que procurava. Depois de alguns minutos, o Dr. Paulo reapareceu pensativo e se apoiou na porta: *"Estavam junto com os documentos do fiador..." "... que estavam na pasta azul que o Sr. levou pra casa na terça-feira..."* emendou Rose.

Uma imagem surge nítida na mente do executivo: sua insistência em rever os documentos, que já haviam sido vistos e aprovados por toda a diretoria

— por ele mesmo, inclusive. A discussão na hora do jantar porque ele se ocupava sempre dos negócios e não tinha tempo para se dedicar às coisas da família, por mínimas que fossem. Como escolher o terno que usaria no casamento da prima no próximo sábado para que a esposa providenciasse os acessórios e cuidados de lavanderia, já que o "Sr. Perfeição" não tinha tempo para essas futilidades e vivia reclamando de qualquer coisa que lhe parecesse pouco menos que perfeita.

Depois do bate-boca casual, a comida fria, a pasta azul esquecida num canto da sala, a cama fria, a insonia permeada por uma retrospectiva de imagens soltas do dia, da semana, do mês... Um bom-dia mal-humorado, café engolido, escritório, mais contratos, reuniões, agenda cheia, gente chata, a secretária organizando tudo isso, tentando encaixar 48 horas de trabalho num expediente quase normal. A seguir, jantar de negócios, a esposa amuada, o despertador rotineiro, o café engolido, a batida no trânsito, o diz-que-diz-que com o estúpido motorista de táxi, a raiva, o atraso, a raiva, o congestionamento, a raiva, a carreata eleitoreira, a raiva.

O Dr. Paulo sentou e relaxou. Pediu à secretária que adiasse a reunião com os condôminos e lhe servisse um chá gelado. Ligou para a esposa, desculpou-se, escolheu o terno e até contou uma piada. Despediu-se com um beijo, pôs os pés em cima da mesa e deixou o corpo pesar no encosto da cadeira de executivo. Sentiu-se leve como um passarinho e deixou escapar um sorriso. O Dr. Paulo pôs de lado a casmurrice e, pela primeira vez, teve consciência de que estava se tornando um velho teimoso e rabugento... aos 39 anos de idade! E começou a filosofar sobre velhice, teimosia e rabugice.

No esplendor da juventude, sempre fora um rapaz obstinado e relacionava seu sucesso à essa obstinação. Defensor ardoroso dos seus pontos de vista, foi líder estudantil e habituou-se a passar por cima daqueles que se manifestavam contrários aos seus ideais. Quantas vezes discutira com seus pais, professores e até com os melhores amigos em defesa de um princípio. O chato era quando descobria que os outros estavam certos e ele não. Nesses momentos de frustração, sem dar o braço a torcer, se fingia indignado e encerrava a questão com um murro na mesa, dando de costas ou mesmo com um palavrão. Afinal, rapaz de forte personalidade, encarava qualquer contrariedade como uma derrota pessoal...

Dr. Paulo também já foi Paulinho, um filho único cheio de mimos entre os pais e as tias solteiras que evitavam contrariá-lo para que não sofresse. Aos poucos, o pequeno manipulador foi pondo as asinhas de fora. A língua afiada era sua melhor arma contra o "inimigo" — todo aquele que pensasse ou agisse na contramão dos seus "princípios". Paulinho cresceu depressa, quando menos se esperava já era o Dr. Paulo...

Pessoa de fortes convicções, acreditava em muitas coisas razoáveis, menos em Deus. O que não podia ser visto, ouvido e apalpado representava, para ele, mera abstração. Essa coisa de insights, premonições, lado intuitivo do cérebro era pura balela. Um edifício cheio de *flats* para alugar era real. Um prédio de 20 andares com 100 salas comerciais era "de verdade". Uma conta bancária de muitos milhares de dólares representava algo concreto. Filosofia era aceitável, ciência uma manifestação da capacidade humana de raciocínio, a matemática, esta sim, uma coisa divina — mesmo para quem não acreditava em Deus. Esta era sua ciência favorita, sua filosofia de vida, sua religião. E provando a veracidade incontestável de números e cálculos com tanta seriedade e bom senso, tornara-se um cidadão respeitável, embora meio metido a ser dono da verdade...

Nosso personagem representa a própria teimosia encarnada. Mimado — vestia a carapuça de incompreendido sempre que não concordavam com ele — , obstinado — dotado daquela obstinação excessiva, quase neurótica, a um passo da obsessão —, cabeça-dura — "os outros", burros, imperfeitos, sempre faziam tudo errado, principalmente quando "tudo" não era exatamente o que ele queria. O teimoso é egoísta, com síndrome de justiceiro e ares de sabe-tudo. Porém, é limitado, não consegue enxergar mais de um caminho para qualquer questão. É apegado à suas crenças e adora empurrar a responsabilidade para o outro quando a coisa não vai bem. Por tudo isso, vive em constante estado de estresse.

Provavelmente qualquer um de nós é capaz de se identificar com alguma faceta desse executivo bem-sucedido profissionalmente e algo desastrado no trato familiar. Sem dúvida, Dr. Paulo se comportava como um ser lógico, mas quando não conseguia provar suas teses racionalmente, partia para comportamentos bem irracionais... Amante da verdade, que defendia ferozmente, nunca se dera conta é de que esta, sim, era uma enorme abstração, algo absolutamente relativo. De duas, uma: ou a sua verdade representava, para a situação, um conceito completamente "furado" ou ele não estava conseguindo se comunicar convenientemente.

Comunicação é arte e ciência, como bem comprovou Richard Bandler, um dos criadores da Programação Neurolingüística (PNL). Esse criativo e ousado analista de sistemas oferece-nos uma grande contribuição sobre o conceito de verdade quando se apresenta como um grande mentiroso. Isso mesmo, com seu raciocínio ágil e absoluto domínio das palavras, ele ousa afirmar que todas as generalizações são mentiras e, uma vez que nos valemos delas para transmitir nossas idéias, estamos mentindo o tempo todo. Verdade mesmo, só aquela que cada ser humano experimenta individualmente e lhe serve sob medida; a verdade é uma experiência única, difícil de ser compartilhada. Muitos acreditam nas suas mentiras como se fossem verdadeiras e lutam para impô-las como tal. Teimosos...

Um dos aspectos evidenciados pela PNL é de que raramente a comunicação normal torna-se 100% efetiva, já que entre quem fala e quem ouve existe um abismo incalculável de abstrações. Toda mensagem emitida por alguém chega aos ouvidos do outro "distorcida, eliminada e generalizada". Esses três processos são inerentes à comunicação e basta colocar um pouco de atenção sobre essas definições para percebê-las como "verdadeiras"...

A eliminação é o processo segundo o qual, apenas uma parte da "verdade" nos é comunicada. Nosso cérebro recebe um número infinito de informações a cada minuto. Ao sentar-se na sala de espera de um consultório médico, por exemplo, você recebe inúmeras informações visuais: a cor e forma das cadeiras, a roupa e aparência da recepcionista, detalhes sobre a construção como a textura e pintura das paredes, o tipo de piso, os objetos sobre a mesa, o formato das janelas, etc., etc. Existem também as informações auditivas: a voz da recepcionista ao telefone e suas mensagens cifradas, já que você não sabe o que a pessoa do outro lado da linha diz, embora possa imaginar e até mesmo inventar um diálogo; o ar condicionado ligado, sons da rua, freadas bruscas, sirenes, buzinas; pessoas conversando baixinho, crianças chorando, etc. E há ainda as informações sensoriais: cheiro de remédio, frio/calor, o gosto da bala de hortelã que lhe foi oferecida, etc. Se nosso cérebro prestasse atenção em tudo isso ao mesmo tempo, ficaríamos birutinhas, não é mesmo?

Então, ele se atém a apenas algumas dessas informações, eliminando outras que não lhe parecem importantes no momento, e que são arquivadas no inconsciente até — quem sabe um dia — se tornarem úteis. Também distorcemos algumas dessas informações de acordo com nossas conveniências. Por exemplo, ao se sentir maltratado, um paciente pode sair do consultório dizendo que aquilo é "uma espelunca" (ainda que uma espelunca com ar condicionado!) ou que o médico "não sabe nada" (só porque ele recomendou um colega acupunturista para resolver o problema de dor nas costas e o paciente em questão odeia agulhas). E vai minando a fama do ortopedista de sucesso através de imagens criadas e impressões sentidas em meio a um processo de evidente generalização, enquanto outro paciente pode achar o tal doutor "o máximo", o consultório "um luxo", etc., etc.

A verdade é uma coisa ampla, aberta, acolhedora. Quem a vê como uma via de mão única vai se acidentar e padecer muito sofrimento. "Crescei e multiplicai" (neste caso, os pontos-de-vista e idéias), parafraseando o grande Mestre, seria um bom conselho para os teimosos incuráveis.

Há uma piada que circula nos bastidores do esporte a respeito dos técnicos de futebol que costumam dizer: *"eu ganhei, nós empatamos, eles perde-*

ram", referindo-se ao time. O teimoso é individualista e não aceita a derrota, que é sempre atribuída à incapacidade de compreensão dos outros. Esse comportamento é típico de quem faz sempre a mesma coisa... obtendo sempre o mesmo resultado insatisfatório. Quando a estratégia fica "manjada", o time começa a perder e não vê saída, porque o técnico continua repetindo sempre as mesmas jogadas ensaiadas, com os mesmos jogadores. Como apregoa a metáfora bem-humorada de Abe Maslow: "se sua única ferramenta é martelo, você tenderá a tratar tudo como se fose prego". Ou Richard Bandler: a vitória é tão limitante quanto a derrota.

Alguns comportamentos bem-sucedidos profissionalmente não são válidos para a vida pessoal e vice-versa. Certos executivos, porém, orgulhosos de seu sucesso, a fim de "manter sua personalidade" ou seguir "linha dura" teimam em repetir as mesmas estratégias. Ser enérgico em relação a horários, produção ou organização de dados é imprescindível quando você é chefe de departamento pessoal, gerente numa fábrica ou trabalha com estatísticas. O mesmo não se deve exigir do filho de oito anos, da empregada diarista, que em um dia tem de limpar toda a sujeira da semana ou da esposa-secretária ("onde foi mesmo que *você* guardou aquela nota fiscal da revisão dos 1.000km do *meu* Escort 89?"). É preciso aprender a perder a pose e relaxar de vez em quando para deixar brilhar a luz da razão.

Resiliência[1] foi o termo escolhido pelo psiquiatra americano Frederic Flach para a arte de ser flexível ao encarar as mudanças inevitáveis de nossas vidas com sucesso. Essas mudanças, que Flach também denomina "pontos de bifurcação", envolvem épocas como a adolescência, a formatura, o casamento, a paternidade, a meia-idade, a aposentadoria. É necessário que nos amoldemos aos novos ciclos através de nossa existência, evitando o estresse que causa danos à saúde. Não raro insistimos em nos apegar ao passado como, por exemplo, o aluno exemplar que não se conforma em ser reprovado num teste quando se lança no mercado de trabalho e, numa tentativa desesperada, passa noites "rachando", relembrando conceitos e teorias — como fazia no tempo da faculdade — em vez de tentar outra coisa como melhorar sua comunicação interpessoal, adquirir conhecimentos práticos através de um estágio ou caprichar um pouco mais na aparência. Mesmas estratégias — inadequadas — mesmos resultados — insatisfatórios.

O teimoso se apega às suas crenças como o náufrago à sua tábua de salvação (Pudera! Ele não sabe mesmo fazer outra coisa!) Mas crenças, em geral, estão profundamente ligadas a ilusões. Na política, na religião — e, é claro, no futebol — vê-se como a acomodação a um caminho único abre as portas para o fanatismo e a ignorância. Católicos versus protestantes, malufistas contra petistas, corintianos surrando palmeirenses. Pura teimosia. Pura crença de que a sua verdade é única, superior a dos demais.

Na bela obra "Um Curso em Milagres"[2], organizada pela Foundation for Inner Peace, há uma reflexão bastante esclarecedora sobre o aspecto limitante e irracional das crenças quando dizem: "A introdução da razão no sistema de pensamento do ego é o início do seu desfazer, pois a razão e o ego são contraditórios. Não é possível que os dois coexistam na tua consciência. (...) Toda continuidade do ego depende da tua crença. (...) Compartilha essa crença e a razão será incapaz de ver os teus erros e abrir caminho para a tua correção. Pois a razão vê através dos erros, dizendo-te que o que pensavas que era real não é. A razão pode ver a diferença entre pecado e equívoco, porque ela quer a correção. Por conseguinte, te diz que o que pensavas que era incorrigível pode ser corrigido e, portanto, não pode deixar de ter sido um erro. A oposição do ego à correção conduz à sua crença fixa no pecado e a não considerar erros. Ao olhar, ele não acha nada que possa ser corrigido. Assim o ego leva à perdição e a razão salva."

Antes de ter um dia "daqueles" feito o Dr. Paulo, podemos, como ele, relaxar e examinar nossas convicções e comportamentos limitantes. Em que ponto estamos da nossa caminhada? Somos velhas mulas empacadas aos 20, 30, 60 anos, defendendo a todo custo nossas crenças, certos de que elas *são/representam* fielmente nossos valores e nossos ideais? Somos jovens ou pessoas de meia-idade estressadas, solitárias, lutando por uma causa que já nem sabemos ao certo se nos pertence?

Abrir-se para o novo, arriscar-se, eis os desafios para quem almeja superar a teimosia. É preciso aprender a fazer escolhas e a responsabilizar-se por elas, mesmo tendo consciência de que nem sempre serão acertadas. Aprender com os erros, cercar-se de variadas fontes de informação, ampliar infinitamente seus conhecimentos, tornar-se um ser ilimitado, sem as fronteiras sufocantes do preconceito. Acreditar. Entregar-se. Livrar-se da prisão da ignorância, da prisão de ventre, da arteriosclerose, da artrite, das rugas que vêm do franzir a testa em sinal de reprovação. Aprovar. Aprovar-se. Saber que tudo muda e admitir que mesmo aquilo que não deu certo pode ser transformado. Pois, como bem nos lembra Louise Hay, o que quer que seja "é só um pensamento, e um pensamento pode ser modificado"[3].

Combatendo a Teimosia

1 - Solte seu corpo. Relaxe. Flexione as articulações. Aprenda a se curvar e a requebrar a cintura.

2 - Experimente o ponto de vista do outro sempre que uma discussão começar a contrariá-lo. Ouça o outro e coloque-se no seu lugar (ajuda muito se você, literalmente, trocar de posição com a pessoa com quem estiver discutindo).

3 - Quando a coisa empacar, observe se você está agindo como uma criança mimada. Pense na solução que um adulto razoável encontraria para o problema.

4 - Perceba quando você está falando de suas próprias experiências ou quando está apenas repetindo coisas, feito um papagaio...

5 - Informe-se — antes, durante ou depois — de qualquer discussão.

Ai, que Preguiiiiiiça!!

"... na Marginal Pinheiros, trânsito lento na altura da Ponte Cidade Jardim. A avenida 23 de Maio apresenta congestionamento nas proximidades do túnel Ayrton Senna..." Um tapa no rádio-relógio, ainda em estado de transe. Lentamente abro um olho, o outro, torno a fechá-los. Me espreguiço puxando cada músculo do meu corpo, ouço o ranger de algumas articulações *(Enferrujando, hein, querida?!!!).* Arregalo os olhos, penso na reunião às onze horas, torno a fechá-los, me encolho de novo, puxo as cobertas até a metade das orelhas. Vou relaxando, relaxando...

"Musical FM, a rádio MPB! E agora, trinta minutos de músicas sem intervalo comercial. É o Expresso MPB..." Mais um tapa no enfadonho despertador, acho que vou comprar aquele da galinha amarela que repete sem parar com voz chatinha de rádio de pilha *"Good Morning! Good Morning!! Good..." Oh, my God!* Quem foi o santo que inventou a santa segunda-feira, Batman?

Me espreguiço, etc... Levanto com ânimo de lenhador curvado sob 50 quilos de toras... Abro a embalagem longa vida, despejo o leite num copo grande e jogo uma medida de chocolate em pó pra ir derretendo enquanto vou pro chuveiro. Uma névoa achocolatada paira no ar.

Penso na reunião. Que chatice! Eu digo isto, o cliente responde aquilo... Eu argumento que *"esta é a melhor solução gráfica para o seu problema, além da mais econômica"*. Ele insiste em colocar as terríveis letras douradas, o ridículo fundo rosa choque, *"Será que o texto não pode ser impresso num tom de preto mais claro?"*. *"Preto mais claro, na minha terra, é cinza, doutor!!!"*. E tenho dito.

Arrasto os chinelos pelo corredor, coloco duas fatias de pão na torradeira, volto para o quarto e a cama, sedutora, parece repetir aquela proposta indecente — *"Venha... venha..."* Dou as costas, vou para a cozinha, dissolvo o chocolate mexendo com uma colher, as torradas pulam, *plim*... Respiro fundo. Reunião às onze horas.

Hoje é segunda-feira e devia ser decretado o Dia Nacional da Preguiça. O sol lá fora, depois do fim-de-semana chuvoso, é uma tentação. Parque do Ibirapuera vazio, as alamedas livres para um passeio de bicicleta, mais ar puro por centímetro quadrado para o sofrido e massificado cidadão paulistano... Acorda, Regina! Reunião às onze horas.

A rotina embota a criatividade e gera estresse. *"Todo dia ela faz tudo sempre igual"*[1], repete a toada monótona de Chico Buarque no rádio-despertador que, feito gato, parece ter sete vidas, ligando-se automaticamente pela n-ésima vez. É, quando a vida se torna previsível demais, a motivação parece escorregar por entre nossos dedos. O cotidiano torna-se uma chatice, nos desestimula, e a preguiça vai nos invadindo até as entranhas, de maneira tão absoluta que o que mais queremos é nos largar simplesmente, deixando a vida fluir enquanto ficamos ao largo, como se fôssemos apenas figuração neste maravilhoso e divino espetáculo a que chamamos *Vida*. A exemplo do simpático gordinho do comercial de motocicletas, nesta data querida o hino dos preguiçosos deveria ecoar por todos os cantos do país: *"Peguei o meu pijama/E fui pra minha cama/Iê, iê/Na cama com o pijama..."* entre bocejos e espreguiçadas lânguidas de puro preguiçoso prazer. A vida passando e nós ali parados, estatelados, eternos e sonolentos espectadores dessa trama.

Quando nos deixamos invadir pela rotina, somos possuídos pela sensação de que sabemos tudo, inclusive o final previsível de cada história que estamos por vivenciar. Criamos dentro de nós um filme sempre reprisado, com falas decoradas e absolutamente adequadas a cada futura situação. Por um lado, conhecer o epílogo elimina a tensão e gera relaxamento — que levado ao exagero se transforma em mais preguiça —; por outro, abre espaço à monotonia e ao lugar-comum. Quem opta por ver centenas de vezes o mesmo filme só pode mesmo querer ficar na cama metido num pijama. A saciedade ilusória do saber aplaca nossa curiosidade e nos paralisa, levando-nos do nada a lugar nenhum; alimentando um círculo vicioso, a preguiça nos remete sempre de volta ao ponto de partida. A liberdade mobilizadora nos chega através da máxima *"só sei que nada sei"*, esta sim a chave-mestra para abrir as portas da criatividade e do saber produtivo. Santa ignorância, Batman!

Toda mobilização envolve energia em ação; a energia é, por si, o princípio da existência e quando não nos dispomos a dispendê-la na direção de um projeto ou tarefa a ser realizada, não há meios de chegarmos a essa realização. A preguiça imobilizante reduz drasticamente nosso nível de energia, desperdiçando-a e impedindo-nos de levar adiante o curso de nossas vidas. Esse estado de inércia também faz com que, aparentemente, não existam problemas ou controvérsias, dando-nos a cômoda — porém ilusória — sensação de que tudo vai bem e nenhum mal há de desabar sobre as nossas cabeças (não havendo ação, não haveria reação). Porém, a vida é cíclica e requer movimento para fazer girar a roda do carma; quando interrompemos seu fluxo natural, forma-se um acúmulo de energia como o ar comprimido num balão que, ao esvaziar, se volta imprevisível para qualquer direção...

Os preguiçosos estão sempre exauridos energeticamente, não importa quanto tempo passem "poupando" energia sentados diante de uma TV ou espalhados "na cama com o pijama". Ao estagnar o fluxo energético, são assolados por uma sensação de vazio, fraqueza e impotência, que gera mais preguiça, num movimento de rosca sem fim... Segundo o psicólogo americano Wayne W. Dyer, pessoas que aprenderam a eliminar seus pontos fracos, dentre eles a protelação (uma das causas básicas da preguiça), possuem níveis de energia excepcionalmente altos. Necessitam naturalmente de menos horas de sono diárias, porque acham excitante viver; podem dispender uma enorme quantidade de energia para realizar qualquer tarefa, porque se envolvem por inteiro com cada uma de suas atividades, usando o poder da concentração e apreciando a sensação realizadora à medida que executam seus trabalhos, mantendo-se absolutamente focadas no presente e com energia renovada. O preguiçoso, ao contrário, contabiliza experiências — principalmente as de resultados adversos — passadas e não vê com bons olhos o futuro, não havendo, portanto, uma boa razão para interferir no presente.

Pessoas ativas encaram todos os acontecimentos da vida como oportunidades de crescimento e exercícios de realização ou, no mínimo, de entrar em contato com as próprias sensações, ampliando sua auto-estima e autoconhecimento. Não conseguem se entediar, pois sua energia está sempre sendo canalizada para coisas úteis para suas vidas. O indolente cultiva o tédio, transformando sua rotina em algo absolutamente desprovido de surpresas, emoções e novidades. Não saboreia a urgência da vida, pois acha que dispõe de todo o tempo do mundo, sempre podendo adiar sua atitude previsível para amanhã ou depois. Ele se satisfaz com o pouco — muito pouco — que tem e sabe. Seu lema, aliás, poderia ser o clássico *"não sei, não quero saber e tenho raiva de quem sabe..."*

Já os dinâmicos costumam ser agressivamente curiosos, insaciáveis na sua constante ânsia de saber. Não lamentam erros, sequer os contabilizam; qualquer experiência avessa às suas expectativas é encarada como etapa do aprendizado. Não se lamentam nem são instáveis, com extremas variações de humor. Correm atrás de suas realizações, não esperam que nada lhes caia do céu. *"Quem sabe faz a hora, não espera acontecer"*[2], apregoam os versos brilhantes de Geraldo Vandré. Pessoas dinâmicas fazem a hora, sem sombra de dúvida.

Já os adeptos da preguiça, ao contrário, "fazem hora". Enrolam o mais que podem em qualquer situação. O dom de iludir (e iludir-se) é traço marcante de sua personalidade, estão sempre à espera de um milagre que os tire "daquela situação terrível" (qualquer uma que exija um mínimo grau de iniciativa e mobilização...) O perfil do indolente pode ser traçado a partir de certas características comuns; excesso de mimo reforça a preguiça *("eu faço por ele, afinal, por que meu filhinho vai ter que passar por essa experiência tão desagradável/degradante?")*; a idéia de que o "protegido" precisa ser poupado (como se sua energia fosse se esgotar se ele arrumasse o próprio quarto ou enxugasse a louça do almoço; parece justo, assim ele economiza energia para fazer nada o dia inteiro...); a falta de reconhecimento do indolente como um ser humano capaz *("ele não tem capacidade/jeito para fazer isto, é melhor que eu o faça").* Tá certo que ninguém é de ferro, mas como bem diz meu pai, "a vida é dura pra quem é mole." O preguiçoso só quer moleza e quanto mais tem, mais quer.

É claro que, vez por outra, todos somos acometidos por um ataque incontrolável de preguiça. Quem não se pegou esparramado no sofá ou mesmo no tapete da sala, com o olhar vidrado na televisão e um pacote de distraídos salgadinhos nas mãos, fingindo-se de morto? É natural da indolência que procuremos compensá-la de alguma forma, pois esse estado de mesmice e imobilidade gera muita frustração. Refugiamo-nos então na TV ou, pior, na geladeira... E o desespero aumenta quando percebemos que, passado o tempo, nada se resolveu: aquilo que adiamos continua existindo e no mesmíssimo ponto em que o deixamos. "As coisas" não têm vida própria e não se resolvem por si mesmas.

Mais de uma vez me defrontei com a imensa e interminável pilha de roupas para passar. Em algumas ocasiões, encarei o monstro de pano com receio, ele parecia enorme, aumentado um sem número de vezes por minha fértil — porém preguiçosa — imaginação. Começo timidamente: passo uma calcinha, um top de *lycra,* um shortinho de viscose; o monstro permanece ali, intacto. Repito a operação, mais três ou quatro peças fáceis de alisar, de repente já são uma dúzia de pequenos acessórios. No fundo do cesto se escondem as camisas de linho, as calças, saias e vestidos, os lençóis enormes, as toalhas felpudas, etc., etc. E o monstro ali, "nem te ligo", me olhando. Começo a recordar "quando foi a última vez que passei por esta terrível situação?" Lá pela vigésima calcinha, tenho uma síndrome de desânimo, ensaio um chilique, quase desisto. Aí me vem à lembrança uma frase ouvida em algum lugar que encerra um pensamento mais ou menos assim: "trabalho pesado é o acúmulo de tarefas leves que não foram realizadas a seu tempo..." Encaro o monstro de frente e começo a cortar o mal pela raiz: tudo o que há de mais difícil, de mais encrencado para ser passado é escolhido. Destroço sua estrutura e crio pilhas de roupas de cama, mesa e banho macias e cheirosas; arranco de suas entranhas uma calça jeans, outra de linho, cheia de pregas. Agarro a camisa de cambraia e, com toda atenção, realizo cada etapa como quem segue, passo a passo, um manual de montagem: aliso os punhos, a gola, as mangas, frente, costas, um *sprayzinho* aqui, um pouco de goma acolá. Construo minha própria fortaleza a partir das pilhas de roupas e, do alto do meu castelo, saúdo minha capacidade de organização para realizar essa tarefa tantas vezes considerada "menos nobre" ou entediante. Com criatividade, concentração e um profundo sentimento de dever cumprido, crio fortificações. Com má vontade e indolência, teria conseguido apenas um punhado de entulho...

A preguiça está intimamente ligada a nossos valores individuais. Se consideramos algo sem muita importância, uma alavanca dispara automaticamente a imperceptível campainha para que deixemos vir à tona essa nossa porção descuidada e indolente. Se tarefas domésticas, estudo, lazer, seu casamento, seus filhos ou qualquer outra coisa não são importantes para você (ainda que inconscientemente), sua preguiça triunfará.

Para aquilo que julgamos realmente valer a pena, não há moleza suficiente que nos impeça de agir com eficiência e rapidez (se o seu amado vai estar num baile às onze da noite de sexta-feira, você chega em casa voando, toma um banho de dez minutos, capricha no batom vermelho, põe um vestido deslumbrante, calça um escarpin de salto sete, pula a noite inteira e ainda tem gás para dar uma esticadinha — quem sabe ele está romântico?). Tudo isso depois de enfrentar várias reuniões aborrecidas durante toda a semana, o trânsito caótico e o mal-humor do colega, que hoje estava de lascar... É bem provável que seu ânimo não fosse o mesmo se, em vez do encontro com o príncipe, você tivesse de encarar o monstro de roupas empilhadas na lavanderia da sua própria casa. Ainda que você não tivesse que pegar o carro e enfrentar as ruas novamente para encontrá-lo; ou que pudesse ficar uma hora mergulhada na banheira de espuma repleta de sais revigorantes e depois se metesse num camisolão confortável e num par de chinelos fofos, mais parecidos com nuvens de algodão...

Outro modelo clássico de síndrome de preguicite aguda é o da executiva que trabalha animadamente até às dez da noite, se preciso for, enfrentando homens, mulheres, extra-terrestres e o que mais lhe aparecer pela frente, decidindo, escolhendo, fazendo e acontecendo. Essa mulher super disposta, porém, nos fins de semana, não tem energia sequer para levantar da cama — principalmente se uma enorme pilha de louça se formar na pia da cozinha, se a empregada se mandou e não preparou o congelado para o almoço de domingo e as crianças, auxiliadas pelo marido, espalharam roupas e objetos pela casa toda. Talvez ela carregue consigo o estigma implantado por sua mãe e avó de que tarefas domésticas são inferiores ou desagradáveis quando, na verdade, estas também podem ser altamente enriquecedoras, prazerosas e até terapêuticas, desde que executadas com carinho, tempo e atenção.

Há ainda o marido que deixa sua vida afetiva-sexual ir por água abaixo porque não coloca energia, talento e criatividade na relação com a parceira. Ele faz do sacrossanto lar seu refúgio de "descanso" (fica ali empatando, parece um morto-vivo, mereceria até uma lápide de "descanse em paz"...) e nesse recanto sagrado não há lugar para o prazer *("Melhor curtir uma cervejinha, um programinha de auditório aos domingos e, com um pouco de sorte, uma partida de futebol pela TV. Calem a boca, crianças!!!")*. A preguiça pode se tornar uma destruidora de lares...

Além de representar uma doença em si, tolhendo nossos corpos mental e espiritual, ela pode causar grandes males ao nosso corpo físico, tais como atrofia de articulações e músculos, obesidade e todas as suas conseqüências, perda de memória, lentidão de raciocínio e de reflexos, solidão, depressão, insegurança, medo. Mas existe um antídoto infalível contra a preguiça, uma palavra mágica capaz de transformar em lépida lebre o mais lento dos jabutis: *MEXA-SE!!* Experimente-a e use sempre que precisar:

afinal, não tem contra-indicações...

Pensando melhor, reunião às onze horas, que bom! Ainda bem que não é feriado, lá fora faz um lindo dia de sol. O rádio-relógio parou de tocar, mas eu ligo outra vez. O suíngue de Marina Lima é um convite para cantar e dançar. A preguiça inicial foi transformada neste capítulo, um compromisso a menos nesta encantadora manhã de segunda-feira. Escolho uma roupa elegante, me apronto, repasso mais uma vez minhas anotações para que a dita cuja reunião seja mais agradável, surpreendente e produtiva. Saio animada, no maior pique, quem sabe se no caminho, de quebra, não cruzo com um belo par de olhos azuis e focinho selvagem de Kevin Costner? Afinal, a vida, como o futebol, é uma caixinha de surpresas...

Mexa-se!!

1 - Quando a preguiça despontar, dedique-se a qualquer atividade física (não apenas algum tipo de esporte, mas uma simples e agradável caminhada, arrumar uma gaveta, enfrentar o "monstro da lavanderia"). Evite ficar deitada, sentada, "relaxada".

2 - Pergunte ao seu inconsciente o que é que a sua preguiça está tentando adiar. Arregace as mangas e encare a tarefa de frente. Caso não seja possível (é domingo e a protelação se refere a algum assunto no escritório, por exemplo), estabeleça um horário e um intervalo de tempo (possível de ser cumprido) para começar a resolver o problema (Ex.: "A partir de segunda-feira, os primeiros quinze minutos do meu dia serão dedicados a organizar as pastas do meu arquivo"). Com quinze minutos diários, os resultados surgirão e surpreenderão você.

3 - Procure soluções criativas para as situações que lhe sugerem tédio.

4 - Programe sua mente para não sentir cansaço antes de se deitar. (Ex.: "Pelo menos até as 22h00 estou desperto e bem-disposto").

5 - Evite expressões como "Depois eu faço..." (depois é quando, mesmo??!!), "Outro dia eu resolvo", "Vejo isto na semana que vem". Substitua por "Farei isto até as 10h00"; "Resolverei isto amanhã"; "Verei isto na próxima terça-feira", etc.

É Meu, É Meu, É Meu...

"Ah, ele me paga!", vociferava a mulher ao telefone. "Eu investi dez anos nesse casamento e agora ele diz que não dá mais, vai caindo fora sem mais nem menos, o sonso. Mas isso não fica assim, vou tirar até o último centavo daquele canalha. O que ele pensa? Que essa mísera mesada de R$ 2.000,00 dá pra fazer alguma coisa? Só dá para comprar uns bagulhinhos, pagar a academia e, de vez em quando, comprar uma roupinha meio ordinária. Eu vou esfolar o miserável. Vai ter de deixar aqui, na minha mão, todo o seu salário. Vou pedir a casa, o carro, o apartamento no Guarujá e o máximo que puder de pensão pra mim e pro Rafael. Ele me paga..."

Ângela estava transtornada. A amiga, do outro lado da linha, embora muda, ficara preocupava com aquele discurso irado. Dada a altos e baixos, era bem possível que Ângela ensaiasse mais um dos seus chiliques gloriosos, atentando contra a própria vida. E não seria a primeira vez.

Sua história, na verdade, estava mais para enredo de novela vespertina que para dramalhão mexicano, embora ela se esforçasse por fazer parecer o contrário. Bastante mimada, a primeira aluna da classe nunca aceitou bem as adversidades, fossem elas acadêmicas ou do convívio social. Cursou a melhor faculdade com louvor e sempre acreditou que a vida lhe traria um futuro brilhante; afinal, filha única, bonita e de fino trato, teria uma história muito diferente da de sua mãe, submissa e dependente do marido, até mesmo financeiramente. O discurso durou até conhecer Carlos.

O rapaz atlético e bonitão era o mais aplicado da turma de engenharia. Ela tratou de conquistá-lo, afinal "pra mim sempre o melhor" era o seu lema. Ardilosa nas artes do amor, a conquista foi fácil como tudo até então em sua vida. Apenas um deslize maculou o *happy end* quase perfeito: a gravidez indesejada, que pôs por terra seus sonhos imediatos de carreira e de sucesso.

Ângela teve o primeiro filho e foi tratada com pompas de rainha. O pequeno varão era também o primeiro neto tanto de sua parte, quanto do lado do marido. A ansiedade e alguns distúrbios hormonais, porém, fizeram com que ela ganhasse um peso extra difícil de se livrar após o parto. Sua insatisfação consigo mesma foi crescendo e ela sempre culpava Rafael por não conseguir recuperar suas formas, antes esculturais. Inconscientemente, começou a negar alimento para o filho, até que seu leite secou. Às voltas com mamadeiras e papinhas, além da preocupação de não poder oferecer ao bebê o alimento mais completo e natural para seu desenvolvimento, a mãe de primeira viagem irritava-se ainda mais, ficando com menos tempo para o marido e para si mesma.

Em início de carreira, o engenheiro Carlos não tinha um salário tão vultuoso quanto Ângela gostaria. Porém, o rapaz sentia orgulho da posição conquistada sem qualquer apadrinhamento, fruto apenas do seu currículo exemplar e do empenho pessoal; ela, ao contrário, insistia que o marido aceitasse o emprego oferecido por um político amigo do pai, cujo salário, acrescido de "extras" perfazia o dobro dos rendimentos atuais; afinal, "eles" precisavam ganhar mais...

Carlos seguiu sua natureza: apostou no triunfo do talento e se deu bem. Admitido pouco depois por uma grande empresa, teve de viajar muito quando chegou à gerência, em apenas três anos de carreira. O pequeno Rafael contava então com 5 anos e já era algo independente.

Ângela começou a ter tempo de sobra. Com o marido viajando e o filho ocupado na pré-escola, além das aulas de natação e educação artística, a mãe e esposa "abandonada" tratou de ocupar-se, dividindo seu tempo entre compras, salões de estética e academias de ginástica. Mas havia ainda muitas lacunas na sua agenda; tentando "melhorar a cabeça", partiu para a psicanálise.

Obcecada pela idéia de que não era amada e de que pouco representava para aqueles dois ingratos que lhe exigiam "dedicação integral", a mãe e esposa, que se julgava um exemplo de abnegação, passou a pensar cada vez mais em si mesma. Ser o centro das atenções foi sua marca registrada por toda infância e adolescência; quando teve de dividir espaço, afeto, dinheiro e elogios com o filho — algumas vezes, com o próprio marido —, ficou aborrecida e achou que era necessário reforçar a auto-estima.

A mãe de Ângela, mulher criada na igreja, sob as rédeas firmes do pai e depois, do marido, era a imagem da fragilidade e da impotência. "Todo sofrimento é purificador e deve ser aceito e experimentado, vide o exemplo máximo de Jesus", apregoava.

"Somente através dos flagelos expurgamos nossos pecados". Exageradamente altruísta, sempre viveu em função da filha e do marido, anulando suas vontades para melhor servir a seu rei e à notável princesinha do lar. Um lar desprovido de rainha.

A história nos mostra que, embora aparentemente apenas reinasse, sempre foi a rainha a verdadeira governante dos povos, como bem representada através do arcano III do tarô, a Imperatriz. Uma rainha frágil e impotente, esse era o modelo de mulher estampado diante dos olhos de Ângela desde a mais tenra infância. É claro que a voluntariosa menininha a renegou três vezes, pois por mais que a mãe repetisse que o sofrimento abnegado é o caminho da purificação e da salvação, ela almejava trilhar sendas mais floridas e menos espinhosas. Culta e racional, foi buscar explicação para suas "infelicidades" nos recônditos do inconsciente através de parâmetros freudianos. Deitada confortavelmente no divã, era agradável falar, na sua hora de 50 minutos cravados, sobre como mãe e pai teriam sido os responsáveis por suas frustrações, seus medos e suas insatisfações perante a vida. Cada vez mais ela saía das sessões fortalecida, absolutamente certa de que precisava voltar a ser ela mesma, como nos tempos de outrora. Para reforçar sua personalidade, era preciso fazer o que tivesse vontade, os outros que compreendessem suas necessidades e se adaptassem a elas.

Sem dúvida, a contribuição de Freud e da psicanálise no processo do desenvolvimento pessoal foi bastante significativa, imprescindível mesmo. Serviu para nos livrar dos grilhões do sofrimento, resgatou-nos do pecado original e da culpa imposta pela cultura judaico-cristã que, numa livre e equivocada interpretação, fez de todos nós cordeiros a ser imolados. "É preciso doar sempre, que desta vida nada se leva". "Quanto mais damos em vida, mais riquezas receberemos no reino do Céu". Nossos antepassados acreditaram nisso sem questionar minimamente o que foi propagado como a "vontade do Senhor". Avós e mães sofredoras, castas, assexuadas, povoam nosso modelo de mundo há muitas e muitas gerações. Abençoado seja Freud, que nos livrou do sofrimento "natural" e resgatou nossa liberdade de escolha. *"Sabe lá o que é não ter e ter que ter pra dar?"*[1]. Os versos inteligentes de Djavan questionam o movimento altruísta cristão com muita propriedade, já que ninguém pode (ou deve) dar aquilo que não tem...

Como bem afirmou Ramana Maharishi, "nossa obrigação é *ser* e não *ser isto ou aquilo*"; assim, o culto ao ego proposto pela psicanálise proporciona alívio e é absolutamente revestido por um caráter científico irrefutável. Se queremos servir o mundo e facilitar o fluir da vida, no compasso da harmoniosa dança cósmica, é imprescindível que saibamos quem somos, quais as nossas potencialidades e, fundamentalmente, os limites entre cada um de nós e os outros. Para que respeitemos a nossa própria natureza e a do outro. Para que saibamos que, embora joguemos todos do mesmo time, cada um de nós apresenta tarefas, características e talentos diferentes para fazer girar a grandiosa roda da vida.

A má interpretação do necessário reforço do ego evidenciou o egoísmo latente em cada um de nós, que vem ganhando espaço principalmente nos grandes centros urbanos. A imposição de limites, na atualidade, vai muito além da delimitação de nossas cercas. A noção de propriedade encerra também o conceito de privacidade, não há mais terras e lugares para serem compartilhados. Sua casa é seu castelo e nele ninguém é bem-vindo (Ângela detesta receber amigos e parentes, "dá muito trabalho".) Seu corpo é uma fronteira indevassável, cujo terreno nem você mesmo permite-se usufruir com prazer e generosidade (Ângela deixou de apreciar o sexo; outra gravidez então, nem pensar.)

"Eu sou assim e quem quiser/tiver de conviver comigo terá de me aceitar como eu sou" traduz uma leitura bastante equivocada do movimento pró-ego disseminado pelo pensamento freudiano. Ninguém é uma ilha, mas estará destinado a viver como um náufrago solitário se não optar por desertar do arquipélago do egoísmo habitado atualmente por milhões de pessoas da moderna sociedade capitalista, competitiva, exclusivista e mercenária.

O ego reforçado, muitas vezes, não criou indivíduos mais conscientes da sua condição humana, mas criaturas "cientes de seu real valor" (quase sempre expresso em dinheiro). "Eu sou um profissional de 'X' mil reais por mês, então não tenho de dar ouvidos/satisfação a subalternos de cargos 'inferiores', pobres coitados que ainda seguem a tabela do salário mínimo..." "Eu sou uma mulher com elevado padrão e justas medidas (90 de busto, 60 de cintura, 92 de quadris...) e não devo me entregar a alguém que seja menos que um alto executivo morador do bairro 'Y', com renda mensal de 'X' mil reais/mês e 'N' milhões de reais em patrimônio..."

Pra começo de conversa, seria bom que Ângela entendesse que a vida é cíclica e todos nós somos seres em constante mutação. Os que não tiverem capacidade de adaptação e de vislumbrar o futuro, correm o risco de súbita e próxima extinção, como os poderosos dinossauros do passado que viraram peças de museu. O poder — inclusive financeiro — também é cíclico, às vezes está nas mãos da força, outras vezes da inteligência, raras vezes do bom senso. Ninguém *é* assim ou assado, apenas *está*, num determinado momento de sua vida, desta ou daquela maneira. A má interpretação do verbo ser passou a rotular as pessoas, tornando-as intransigentes. Volto a citar Richard Bandler, numa de suas pérolas mais preciosas; ante alguém que lhe disse ter se trabalhado muito para ser *"eu mesmo"*, ele sabiamente retrucou: *"por que você quer tanto ser você mesmo, se pode ser algo muito melhor?!!"*

Somos desastrados quando se trata de impor limites. Extremamente flexíveis — bancando o trouxa, o otário, o bobo da corte —, ou rígidos demais — os que não têm jogo de cintura e não se permitem dar um passo na direção do desconhecido; os que não ousam, não se atrevem, não se arriscam, não sabem voltar atrás numa decisão, rezando sempre pela mesma cartilha, onde (nem) tudo está escrito, previsto, acordado. A partir de um código ilusório, de acordo com nossas crenças pessoais, construímos, de maneira bem concreta e indestrutível, esse castelo de ilusões que chamamos ego.

Por conta do egoísmo, deixamos de lado a oportunidade de experimentar coisas novas, conhecer coisas, pessoas, lugares diferentes. Sentimo-nos seguros do alto da torre controladora da nossa equivocada fortificação. Ficamos ali, empacados, reforçando velhas e ultrapassadas convicções. Porque somos assim. Porque cada um de nós deseja ardentemente ser "eu mesmo". Nossa protagonista Ângela pensa ser uma autêntica fortaleza, um exemplo de mulher liberada e moderna para as gerações que "já eram" e para as que estão por vir. Uma mulher de fibra, de tenacidade inabalável, irredutível em seus princípios e suas aspirações. Aos olhos da mãe, porém, Ângela é apenas uma criatura infeliz, que sequer soube dar vazão ao sentimento mais natural e belo que a maternidade inspira, que é o amor.

O egoísmo se contrapõe ao amor. Ângela sempre soube, a vida toda, apenas receber afeto. Nunca soube demonstrar carinho pelos pais *("uns retrógrados ignorantes")*, pelo filho *("o culpado de eu ter me transformado neste monstro")*, pelo marido *("investi no casamento e olha só no que deu!!")*. Ela sempre exigiu, cobrou, investiu; nunca compartilhou, entregou, confiou. Não soube sequer amar-se, embora julgasse estar fazendo o melhor para si mesma... Ângela perdeu muito tempo na construção de sua auto-imagem como se, através desse reflexo, ela fosse capaz de saber quem realmente é. Mas o reflexo é apenas miragem, como afirma sabiamente o lama tibetano Tathang Tulku.

Quando nos conhecemos verdadeiramente, aprimoramos nossa qualidade de vida; mas, se apenas nos ocupamos de edificar uma auto-imagem, reunimos em torno dela todos os elementos que gostaríamos de ter e não as qualidades/defeitos que realmente possuímos; quando precisamos nos mostrar, a miragem se dilui e evidencia nossa verdadeira face. Tal qual a bruxa de Branca de Neve, se esvai toda beleza e magia, expondo-nos de maneira nua e crua.

Ainda é tempo de ouvir a voz do coração... Talvez Ângela ainda seja salva por um ímpeto de compaixão, uma pequena centelha prestes a iluminar e energizar seu peito, envolvendo-o num caloroso abraço, proporcionando-lhe uma sensação de bem-estar que somente esse nobre sentimento é capaz de irradiar. "É possível dar a nós mesmos calor e sustentação verdadeiros sem sermos motivados pelo amor a nós mesmos, porque a ganância de satisfação é muito diferente do aprender a cuidar de nós mesmos. Sem compaixão, pensamentos e ações se baseiam no desejo de satisfação egoísta ou egotista. Mas a compaixão autêntica, que é o antídoto do ego, nasce de uma atitude humilde e destemida de abertura e generosidade", afirma Tulku[2].

Ainda que ela consiga tirar de Carlos todo o seu patrimônio, deixando-o apenas com a roupa do corpo, certamente isso não preencherá o vazio de sua alma. O acúmulo de recursos pode satisfazer suas necessidades criadas, mas não suas carências reais, aquelas que distinguem um ser humano de verdade de uma conta bancária ou uma pilha de papéis trancafiados num cofre. Além disso, ele será capaz de construir tudo de novo, pois já mostrou seu potencial criativo e sua força de trabalho. É bem provável que Carlos tenha um justo motivo para querer deixá-la, afinal, generosidade também tem limites.Tomara que um poderoso raio de luz ilumine nossa protagonista em seu caminho rumo à mesquinhez e que ela saiba escolher o atalho encantado da compaixão. Confesso que esta torcida calada, traz em si um pouquinho de egoísmo de minha parte: o brilho da luz de Ângela, mesmo que ela não saiba ou não queira, servirá para iluminar ainda mais o mundo maravilhoso em que vivo...

Deixando de Lado o Egoísmo

1 - Ofereça a última fatia do seu bolo favorito, o último bocado de sorvete, ou o último gole de vinho a alguém que você ama.

2 - Desfaça-se de algum objeto que lhe é muito caro.

3 - Observe os limites impostos entre você e o outro; verifique se é possível haver uma grau maior de flexibilidade entre ambos sem que você se sinta invadido.

4 - Recorde uma passagem de sua vida onde você foi extremamente egoísta. Avalie como se sentiu depois do ocorrido. Imagine como poderia ter agido para ser mais justo e equilibrado.

5 - Se você tem sido muito egoísta, estabeleça o seu próprio "Dia da Generosidade" (ou "Semana", para casos crônicos de egoísmo). Seja útil aos outros, distribua afeto e observe como se sente ao agir dessa forma.

Vítima, Nunca Mais!

E lá vou eu pra festa. *"Festa estranha, com gente esquisita, eu não tô legal..."*, como nos versos desconfiados de Renato Russo. Sempre me sinto esquisita quando é festa de gente estranha. O que vestir? O que falar? Como agir? Quem vou encontrar?

Abro o guarda-roupa e separo o pretinho curto, clássico de todas as horas. Tiro da caixa um escarpin de verniz, escolho uma meia nova, sem um fiozinho corrido. Puxo do estojo a colerinha de pérolas e fico olhando para a minha produção sobre a cama. Ai, a cama... Que vontade de me enrolar nas cobertas quentinhas!

Lugarzinho descolado, esse que o Beto escolheu. Tá na moda. Caro de dar dó, mas tá na moda. Cada um paga a sua consumação, tá na moda. Todo mundo fumando, enchendo a cara até não mais poder. Todo mundo requebrando — ninguém se olha —, cada qual fazendo o tipo "eu sou mais eu", mas morrendo de medo do outro. Que chatice, que barulheira, que perda de tempo. Eu podia muito bem ficar em casa comendo pipoca e vendo o último vídeo do Almodóvar em vez de ficar no meio desse zum-

zum-zum. Só eu e Deus. Eu e meu anjo da guarda. Eu e eu, que sou ótima companhia para mim mesma. Mas o que os outros vão pensar?

Foi-se o tempo em que os outros pensavam e eu me preocupava com isso. Adoro o Beto, fotógrafo de primeira, sempre quebrando os meus galhos. Gosto do seu bom humor, da sua criatividade, admiro seu talento. Que os outros pensem o que quiserem. Com o dinheiro da consumação mínima eu compro um Pavarotti pra ele ouvir no estúdio em alto e bom som. E, de quebra, ele ganha um beijo estalado.

Sempre temos opções na vida, mas muitas vezes insistimos em enxergar apenas um lado da moeda. Eu poderia ter ido à festa, afinal, como já dizia aquele ex-presidente, "tudo pelo social". Poderia fazer o gênero "educada, boazinha, politicamente correta", distribuir sorrisos, sacolejar, beber um drinque e ficar com os pés e a cabeça latejando de tanto *reggae* e papo furado. Mas escolhi não me deixar vitimar pela comemoração do Beto.

Talvez ele não me convide para o aniversário do próximo ano (talvez nem haja festa no próximo ano... talvez nem haja Beto no ano que vem...); talvez aquela jornalista importante conclua, por essa única experiência, que eu simplesmente não gosto de badalação e, sendo assim, não me mande os convites para o próximo baile da imprensa, com o "sensacional" show de Leandro e Leonardo. Talvez...

Nenhum desses eventuais infortúnios, porém, supera o prazer de comer pipoca e gargalhar diante da Kika de Almodóvar, a cabeleireira às voltas com um psicopata maníaco sexual. Foi uma escolha consciente; um ato aparentemente simples, somente incorporado depois de muito treinamento e reflexão sobre o patético papel de marionete que encarnamos quando nos fazemos de vítima e nos obrigamos a isso ou aquilo contra a nossa vontade.

Eu me lembro do quanto sofria quando fazia produção de moda e certas assistentes de *griffes* famosas me negavam uma roupa, um sapato ou qualquer balangandã para fotografar porque estava "reservado" para uma outra tal revista, muito mais famosa e vanguardista. Ou quando me destinavam os piores lugares nos desfiles ou nos banquetes (eu não fazia parte da "turma", me sentia rejeitada, excluída, vítima). É claro que muitas delas me mandavam os piores presentes no meu aniversário ou no fim do ano. Eu merecia.

Culpados disso eram meus pais, que nunca me deixaram usar saia curta, barriga de fora, brinco no nariz e cabelo pintado de verde; também não combinava com o meu primeiro emprego, gerente de editora, andar com alguma coisa mais arrojada que um elegante e bem cortado tailleur (como eu poderia me dirigir a intelectuais escritores ou administradores da indústria gráfica vestida de forma inadequada?). Vanguarda nunca foi apropriada para mim, por isso quando escolhi trabalhar com moda, continuei seguindo o velho — e põe velho nisso!! — e clássico padrão executivo, o que causava certo desconforto à tribo *fashion.*

Ufa!! Num único parágrafo consegui reunir uma gama imensa de pessoas e instituições que servem como desculpa para que coloquemos nossas carapuças de vítimas. A família é, sem dúvida, a primeira delas; tal como crianças que dependem dos pais para pagar seus estudos, alimentação, roupas, lazer, aceitamos seus padrões mesmo depois de crescidos, porque somos "vítimas indefesas" das suas vontades. Como a amiga de mais de trinta anos que foi morar sozinha, mas não colocou cama de casal no quarto para não chocar a família; ou o amigo que insistia na carreira de engenheiro, embora sua vocação fosse o futebol; ou a vizinha que se casou com o primeiro que apareceu, pois só assim poderia abandonar o lar paterno. Assim eles se diziam vítimas de seus pais; na realidade, eram seus próprios algozes, alimentando seus preconceitos mais íntimos.

Estar ou sentir-se "inadequado" é o primeiro sintoma da síndrome de vítima. "Representando" alguém ou alguma instituição, ficamos à mercê dos protocolos mais absurdos e/ou desconfortáveis, de gravatas apertadas a coquetéis com gente chata e desinteressante. "Não, não posso aproveitar o feriado, preciso ler estes relatórios". "Férias? Nem pensar! Ninguém faz o meu trabalho como eu!". "Bem que eu gostaria de fazer algo mais interessante, mas não me dão uma oportunidade... Sabe como é, o mercado de trabalho tá difícil, não convém arriscar... assim, vou ficando por aqui mesmo." Isso sem contar as vítimas do(a) chefe prepotente e insensível, da atividade repetitiva e massacrante, do salário bem abaixo da sua capacidade e merecimento.

Há também os que se deixam vitimar pelo complexo de inferioridade, a humildade exacerbada, colocando seus superiores sempre lá em cima e a si mesmos lá embaixo. É gente que não sabe olhar nos olhos dos outros, começa uma frase sempre se desculpando — por erros que ainda nem cometeu —, chama todo mundo de *senhor, chefe, doutor, professor...* Me vem à lembrança uma crônica de Rubem Braga, onde sabiamente ele dizia: "senhor não sou, de nada nem de ninguém", desejando tornar-se mais íntimo de uma senhorita que a ele se dirigiu com cerimônias para estabelecer "um abismo" entre ambos.

Reforçamos e perpetuamos nossas crenças limitantes quando incorporamos a vítima. Louise Hay nos conta num trecho de sua biografia que teve uma infância paupérrima e nunca havia dinheiro para o básico, que dirá para o supérfluo; um simples bolo caseiro representava uma iguaria celestial. Certo dia, houve uma festa na escola e as crianças de lares mais abastados levaram bolos e mais bolos, de todos os tipos. Seus olhos saboreavam deliciados a massa fofa e cheirosa. Sem dúvida, havia bolo suficiente ali para alimentar um batalhão. De um instante para outro, porém, uma enorme fila se formou. Num ímpeto guloso, as crianças enchiam seus pratos ou saíam com várias fatias de bolo nas mãos, enquanto a pobre Louise era empurrada para o fim da fila. Nem é preciso dizer que nada sobrou para a pequena vítima além da grande frustração. Também, ela sempre se colocava no último lugar da fila.

Luiz Gasparetto costuma dizer que ninguém gosta de ser o último da fila... Mas, às vezes, designamos esse lugar para nós mesmos inconscientemente. Quantas pessoas permitem que a fila seja furada por achar que os outros "têm mais pressa para resolver seus assuntos" ou coisas "mais importantes" para fazer? Já vi muitos idosos, gestantes e deficientes em filas comuns, os pobres coitados (toda vítima é ou se faz de pobre coitado) que desconhecem seus direitos. E há os que sucumbem às pequenas insignificantes autoridades (porteiro de prédio, de boate, recepcionista e secretária com ares de cão de fila, "seguranças" de todos os níveis, inclusive os que achacam você na rua toda vez que tem de deixar seu carro num determinado local para ver um show, ir à escola, fazer compras, etc...). Já vi gente desistir de fazer uma troca numa loja porque "eles não gostam de trocar nada; na hora de vender é uma coisa, para trocar, o atendimento é outro muito diferente; afinal, os vendedores não querem perder tempo..." Já vi matérias curiosíssimas de repórteres fantasiados que não puderam entrar em determinado restaurante ou danceteria da moda porque não estavam trajados "adequadamente" ou se apresentaram com um velho fusca, caindo aos pedaços. Pobres vítimas do preconceito social!!

Sem contar com a pressão (ou o desprezo) a que somos submetidos em relação aos serviços: há vítimas da caridade, que vivem dando esmolas mesmo sem querer, vítimas do consumo, que compram compulsivamente, porque "fica feio" dizer não ao vendedor (afinal, ele é tão bonzinho que sempre arruma um jeito de você pagar os R$ 120 daquela camiseta de malha da moda em dez suaves prestações...) Quanto às gorjetas, a coerção chega a requintes de esnobismo, como se o garçom ou o manobrista fossem gente "da alta" e você um zé ninguém porque não tem um carro importado ou se recusa a dar mais de U$5 (que nos Estados Unidos é uma verdadeira fortuna!). Serviço não obrigatório é apenas uma frase carimbada na nota fiscal. Experimente não pagar os 10% habituais num restaurante: da próxima vez, seu filé pode ser temperado com óleo de rícino ou coisa parecida... A vítima é, em geral, uma presa fácil e indefesa, que nunca sabe dizer não.

Há pessoas especializadas em viver esse papel, representando-o em quase todas as horas do dia; outras selecionam determinados momentos para vivê-lo, por conveniência ou incompetência. É muito fácil identificar uma vítima contumaz; em geral, sua postura é recolhida, ombros para dentro, costas levemente curvadas para a frente, pescoço e olhar baixos. Os olhos, especialmente, nunca encaram o interlocutor. Ela se reveste de um ar amedrontado, de uma timidez forçada e uma falsa modéstia exasperante para qualquer ser humano que não esteja compartilhando aquela encenação... São do tipo que aceita tragar a fumaça dos outros (mesmo que não fumem!), dividir o prato que o outro escolheu (de vez em quando pode até ser educado, mas sempre?!!), produzir-se para agradar somente o outro (quantas horas perdidas com descoloração e alisamento dos cabelos para se parecer — bem remotamente — com a Sharon Stone!!), etc., etc., etc.

Em geral, as vítimas vivem se comparando com os outros e tendem a rebaixar suas qualidades. A esta altura não posso deixar de me recordar dos hilariantes exemplos característicos, sempre explorados por Luiz Gasparetto em seus cursos: "Como você está bonita!", elogia alguém. "Imagina! São seus olhos...", responde a vítima, enrubescendo no melhor estilo Jeca-Tatu. "Que blusa linda!", alguém exclama. "Que nada, é só uma coisinha velha que eu achei no fundo do armário... Olha, está até cheirando a mofo...", sibila a vítima, com um beicinho. Argh!!!

Conforme destaca o Dr. Wayne W. Dyer, há coisas imutáveis e incontroláveis em nossas vidas, diante das quais não precisamos, necessariamente, nos colocar como vítimas. Se você está de malas prontas para pegar aquela praia e o tempo dá uma virada inacreditável, em vez de imitar a feiosa Hardy, uma hiena pessimista de um antigo desenho animado, que vivia resmungando *"Oh, dia! Oh, azar!!"*, mude sua estratégia. Simplesmente não desça para o litoral, ou aproveite para correr na areia molhada. Em vez de um churrasquinho ao ar livre com muita cerveja gelada, experimente uma boa *fondue* ao entardecer com um gole de vinho tinto (o clima costuma ficar frio à beira-mar à medida que anoitece...)

Se você já passou dos trinta e nunca treinou, nem pense em se tornar um dos primeiros do ranking mundial de tênis; mas, em vez de vestir a carapuça da vítima, prepare-se fisicamente para — com boa vantagem — encarar um torneio de veteranos (ou qualquer categoria de iniciantes da sua idade...) Se você só se casou depois dos 40 e não teve a oportunidade de engravidar, adote uma criança ou dedique-se a uma atividade de auxílio aos pequeninos.

Não perca tempo se revoltando contra taxas, impostos, leis, governantes, coisas e pessoas absolutamente fora do seu controle. Deixe de lado a mágoa porque você herdou aquele bendito gene paterno que o faz tender à obesidade ou medir 1m50. Explore melhor seu tipo físico e aceite o desafio de torná-lo saudável e atraente. E jamais cobice os lindos olhos azuis de sua irmã mais nova... Lembre-se: você é único no mundo e perfeito na medida exata da sua maneira exclusiva de ser.

Para não se tornar uma vítima, evite contato com vitimadores em potencial. O Dr. Dyer destaca alguns tipos bem comuns[1]. Há os bêbados, que tudo se permitem (mas você não é obrigado a aturá-los; saia de perto, se estiver na casa deles ou ponha-os para fora, se estiverem na sua casa...); os chatos, queixosos e reclamadores; os arrogantes, que fazem de tudo para colocá-lo pra baixo; os anfitriões pouco educados que querem submetê-lo à degustação de iguarias que você não aprecia e a pessoas com as quais você não tem a mínima afinidade; os críticos e os que gostam de chocar os outros com seu jeito de ser e suas atitudes; os charlatães, os teimosos e insistentes; e os mercadores de culpa, dentre os mais comuns. Evite-os;

ante qualquer sinal da presença de um deles, seja esperto como o Leão da Montanha (companheiro da hiena Hardy): *"Saída pela direita!!!"*

Na maior parte do tempo, estou esperta para não cair nas armadilhas da vitimação. Costumo manifestar meu desagrado (e nem preciso dar murros na mesa ou ficar roxa de raiva, basta falar num tom natural e pausado) na maioria das situações que antes me constrangiam. Se o preço da caipirinha está alto, simplesmente me levanto e vou procurar um lugar mais condizente com a minha consciência e o meu bolso. Se não aprecio a companhia de alguém, não troco sorrisos nem lhe dirijo a palavra. Se o atendimento não é bom, me recuso a pagar pelo serviço e evito voltar ao "local do crime". Sou flexível para mudar de estratégia sempre que me for conveniente. Não preciso agradar ninguém além de mim mesma nem provar nada a quem quer que seja. Enrolada na coberta, com deleites de prazer e bom humor, ergo um brinde ao Beto com toda a alegria do meu coração: saúde e vida longa, meu caro amigo!!

Como Evitar Ser a Próxima Vítima:

1 - Aprenda a dizer não.
2 - Abandone o complexo de inferioridade. Treine chamar as pessoas pelo primeiro nome, independentemente de seu cargo ou titulação (saiba fazer isso com respeito e perceba como nenhum constrangimento é criado).
3 - Quando se sentir acometido por uma crise de vítima, julgando-se incapaz de fazer uma determinada coisa, faça uma lista com dez outras coisas que você é capaz de fazer.

4 - Estabeleça uma multa de R$ 1,00 para cada momento em que você se identificar agindo como uma vítima. Repense a situação e encontre uma saída criativa. No final da semana, compre um presente para você mesmo, com o que juntou, parabenizando-se por ser uma ex-vítima.

Trair e Coçar...

Ouço, atenta e comovida, o relato daquele jovem delegado, numa narrativa que mais parece um folhetim da década de 60, meio ao estilo de Nelson Rodrigues. O protagonista da história é José, um homem simples, que chegou há tempos do interior da Paraíba e ganhava a vida como servente de pedreiro. O pacato trabalhador assassinara o amante da mulher a golpes de faca num subúrbio da Zona Norte de São Paulo.

Fato corriqueiro nas páginas da imprensa popular, parecia apenas mais um dentre os inúmeros crimes passionais que enchem as colunas das crônicas policiais — e os olhos ávidos por desgraças de seus leitores assíduos. O curioso, porém, é que o homem aceitara resignado a traição da esposa. Na delegacia, o depoimento registrava que ele pouco se importava com quem a mulher dormia ou a quem entregava seu corpo, fosse por desejo ou mesmo por paixão. O que despertara naquele cidadão anônimo brios de hombridade foi o rompimento de um pacto para ele muito mais valioso. Um outro tipo de traição, bastante aceitável para a maioria de nós.

José declarou, sem remorso, que assassinou o vizinho Zézo para que este não interferisse mais na sua rotina. Quando chegava em casa, ele queria a roupa lavada, as crianças cuidadas e comida na mesa. Nos últimos tempos, Madalena vinha relaxando, o chão poeirento, trouxas empilhadas pelos cantos, os filhos magros e piolhentos, enfim, uma bagunça. José era um homem direito e queria as coisas certinhas. Que a mulher dormisse com quem bem entendesse, mas que não faltasse com essa sua parte no acordo de casamento.

Ele cumpria os compromissos assumidos diante do padre e de Deus; era fiel e dava um duro danado para sustentar a casa. José valorizava sobremaneira os poucos bens materiais que juntara ao longo de 20 anos literalmente carregando pedras. Cara a cara com aquele homem rude, causou surpresa ao jovem delegado sua ingenuidade ao implorar, com os olhos cheios d'água, que "por favor mandasse alguém retirar do barraco a televisão", da qual havia pago a última prestação há pouco mais de um mês. "Eu não quero deixar pra ela, doutor, aquela vagabunda não merece..."

Lavar a honra com sangue já foi prática comum nestas terras de cultura machista e serviu de tema aos romances de todas as épocas, de Machado de Assis a Jorge Amado. Quase por consenso, durante muito tempo se considerou altamente condenável essa traição de Madalena, típico lugar-comum, pular a cerca do vizinho... Em contrapartida, nada se comentava sobre o comportamento de Zézo, igualmente traidor, já que era casado e pai de família; para a maioria, ele era apenas um daqueles machões "que não mata pra comer, mas se aparecer morto..."

A vizinhança apoiou e aplaudiu a valentia de

José, assassino em nome da honra. Ainda bem que ninguém assistiu ao vivo o depoimento daquela frágil figura, senão o mito do herói vingador cairia por terra. Com os olhos baixos, marejados, esfregando as mãos num gesto aflito, o que doía nele não era a falta de respeito ao macho José, mas o descaso com que a ingrata tratara o José ser humano, mordendo a mão que a alimentava.

É sempre bom lembrar, a exemplo do limitado raciocínio daquele homem pobre e ignorante, que a traição representa o descumprimento, de qualquer natureza, a um acordo pré-estabelecido. Como disse uma vez Luiz Antonio Gasparetto, num comentário bem-humorado: "Ok, você não é obrigada a lavar a cueca do maridão pelo resto da vida. Mas, pra casar, você não assumiu que lavava, passava e cozinhava? Então, de repente, sem aviso prévio, você vira a mesa, faz beicinho e diz 'não brinco mais'? Isso não é rebeldia nem coisa de mulher liberada. Sabe como se chama? Traição!"

Pior ainda quando as cláusulas contratuais são subentendidas, feito aquelas letrinhas miúdas dos contratos que ninguém lê. Aí, como afirma o ditado popular, "todo mundo briga e ninguém tem razão". Ou todo mundo tem, cada qual à sua maneira. A mulher, por exemplo, acredita que o casamento tem o dom de transformar o parceiro num "homem sério", o que pressupõe que chegue cedo em casa, abandone a cervejinha com os amigos e o futebol aos domingos. Já o marido pensa que "ela", com a cabeça no lugar e sem necessidade de fomentar o jogo da conquista, vai deixar de lado aquelas futilidades como ir à manicure semanalmente ou comprar roupas novas de acordo com os ditames da moda. Despertada do conto de fadas, a "mulher de verdade", no melhor estilo Amélia, deveria poupar seus proventos para ajudar na conta de luz e pôr feijão na mesa, contribuindo com o orçamento doméstico. Isso é o que pensa o chefe da casa.

Nada combinado, tudo resolvido... individualmente, na cabecinha torta de cada uma das partes que compõem essa entidade una denominada "casal". Vem o fim de semana, ela põe o vestido novo e fica plantada na sala, furiosa, esperando eternamente o marido voltar do futebol... Suado e cansado, ele queria um abraço e um almocinho caseiro e dá de cara com aquela "bruxa" emburrada, braços cruzados, encolhida no sofá. Ambos vêem seus desejos traídos, embora nunca os tivessem colocado às claras.

Esse sentimento é experimentado pelo ser humano desde a infância e se repete ao longo de nossas vidas causando frustração e, muitas vezes, revolta. Observo numa festa infantil a decepção do pequenino ao ser abandonado pelo irmão mais velho, integrado a um grupo de garotos maiores, malandrinhos, participando de brincadeiras inadequadas ao caçula. Este, que sempre serviu de saco de pancadas e se dispôs aos piores papéis — ele é o bandido que leva os tiros, o monstro a ser perseguido pelo herói japonês ou o tolinho que fica com o mico na mão pela habilidade matreira do mais velho — de repente se vê abandonado naquele ambiente estranho e à mercê da sua própria sorte. Sem dúvida atribuirá sua infelicidade ao irmão traidor, que antes era o seu modelo de herói e companheiro. Imobilizado, fica jogado num canto do salão sem se divertir, absolutamente entediado naquela festa que não acaba mais.

A adolescente que surge linda e elegantérrima na pista de dança num vestido tubinho preto atrai olhares e provoca a inveja das coleguinhas que se sentem traídas, afinal "a gente não tinha combinado — todo mundo — vir de jeans?". As tribos desenvolvem seus códigos de honra e qualquer deslize, nessa idade, representa trair o que há de mais sagrado, mesmo que a divindade consista em algo absolutamente profano como um tipo de roupa, acessório ou corte de cabelo.

Também é tachada de traição a atitude diferenciada do colega de trabalho que, contrariando a maioria, não "enrola", cumpre horário, atende o chefe com educação e quer entender o motivo da greve para escolher se participa dela ou não. Este é, sem dúvida, um pelego, um puxa-saco, em resumo, um traidor da causa operária...

No que se refere a relacionamentos, aí sim a palavra é usada a torto e a direito. Qualquer desvio de olhar ou suspiro mal colocado pode ser interpretado como um indício traiçoeiro. Egoístas, ciumentos, possessivos, ignorantes, dominadores são os alvos mais certeiros para acolher essa atitude patética e humilhante. "Corno" é um termo bem antigo que hoje está na moda por conta de canções humorísticas — nem sempre tão engraçadas — que se referem a essa situação de desrespeito ao outro e a si próprio. Sim, porque aquele que "põe os chifres" no parceiro pode até pensar que é esperto, amado, insuperável, irresistível, etc., mas na realidade também é falível e imperfeito, pois contribuiu com sua parcela para que o relacionamento se tornasse insosso e sem paixão. Ele experimenta, embora sem perceber, o tipo mais prejudicial de traição que é trair-se.

Antigamente costumava-se associar o papel de traído somente ao tolo, ao ingênuo, ao "bonzinho". O estigma do homem ou da mulher traída angariava simpatia e alguma comiseração, não importando se, por trás das máscaras de vítimas, eles fossem verdadeiras pestes ou totalmente incompatíveis com os seus parceiros. Hoje, no "mundo dos espertos", os traídos são vistos com certo desprezo, atribuindo-se a eles características como burrice, fraqueza, incompetência, falta de brios, dependência mórbida e outras.

"Antes ele do que eu" parece ser a tônica vigente; em nome desse tolo pensamento, muitos traem antes que o parceiro o faça para não ficarem "por baixo". A mulher, que décadas atrás aceitava a traição para não perder seu provedor e ter de enfrentar o mercado de trabalho, hoje, mais independente financeiramente, parte para a forra de maneira equivocada, pagando na mesma moeda e se machucando pra valer. Afinal, ela foi educada para ser fiel e, preferivelmente, entregar-se a um único homem. O ato sexual com parceiros diferentes ou até mesmo um pensamento ou flerte sem maiores conseqüências pode doer tanto nela quanto no próprio marido traído.

A traição traz em si a semente da desconfiança e esta brota rapidamente, desenvolvendo-se de maneira incontrolável. Esse sentimento desequilibrante está presente antes, durante e depois do ato traiçoeiro. Quem alimenta em si a desconfiança é alvo fácil da traição, pois tem a visão distorcida pelas lentes do ciúme e da raiva. Assim, vai minando o relacionamento a ponto de torná-lo insuportável.

A psicóloga e modeladora neurolingüística Clô Guilhermino[1] costuma dar o exemplo da mulher que desconfia do marido e passa um filme tão perfeito na sua cabeça sobre como ele estaria se divertindo com "a outra" (que ela não sabe ao certo se existe), entre carícias e risos maldosos a falar mal da "megera" (ela própria). Essa desconfiança desmedida precede a traição, que pode vir a se tornar verdadeira (Lembra-se da força do pensamento positivo? Pois é, você também pode criar coisas terríveis com a mente se insistir em pensamentos-padrões negativos...). Daí a acreditar que estava certa desde o princípio, e que todos os homens não prestam — reforçando sua convicção — é um pulo. Esse passa a ser um padrão permanente, que torna sua vida um verdadeiro inferno, povoado por imagens de falsidades e temores. A desconfiança — e, se consumada, a própria traição — corroem a auto-estima e tornam a pessoa vulnerável, desequilibrada.

Mas a traição tem também, como tudo na vida, o seu lado positivo a ser aproveitado. "A traição permite o aparecimento da reflexão e, portanto, da consciência", afirma a psicóloga Jean Houston[2]. "E com a consciência, você pode transgredir, enganar, evocar, transcender, fugir, criar, entrar e sair — em outras palavras, você pode ir para algum lugar. (...) A mensagem da traição é sempre o fato de que as coisas são muito mais importantes do que parecem".

Num mundo em constante transformação, parece difícil manter a coerência. Em nome dela, muitas pessoas se enrijecem, levando a ferro e fogo seus "princípios" para não traí-los. Muitas vezes, as regras que defendem tão ardorosamente não passam de meros condicionamentos e aprendizados da infância. Tais preceitos nunca foram analisados, repensados e reestruturados por essa nova pessoa que é o indivíduo adulto.

Você cresce e faz opções "razoáveis" como tomar o antiácido corrosivo em vez de chá de boldo contra males estomacais ("Argh! Aquele gosto amargo horrível!!) ou falar um palavrão *deeeeste* tamanho quando é fechado no trânsito (coisa terminantemente proibida durante a sua infância). Mas é incapaz de reprogramar coisas e valores fundamentais para a sua vida. Esses pequenos gestos de rebeldia podem satisfazer sua necesidade de exercitar-se indo contra um princípio pré-estabelecido. A lei, ora a lei... Mas quando a situação requer uma atitude eficaz, que contrarie aquilo que aprendeu quando criança, você se sente um traidor de si mesmo, assumindo por vezes posições inadequadas ou ultrapassadas simplesmente por medo de errar ou de experimentar alguma coisa diferente.

Não estamos aqui sugerindo essas pequenas e ineficientes insurreições, pois como bem observou o psicólogo Wayne W. Dyer[3] "as leis são necessárias e a ordem é uma parte importante da sociedade civilizada. Mas a observância cega da convenção é uma coisa inteiramente diferente, na realidade alguma coisa que pode ser bem mais destrutiva para o indivíduo do que a violação das regras. Freqüentemente as regras são tolas e as tradições já não têm nenhum significado. Quando é esse o caso, e quando você é incapaz de funcionar eficientemente porque deve seguir regras sem sentido, então é hora de reconsiderar as regras e o seu comportamento."

Tomar este ou aquele partido apenas para ser cordato com alguém — sua mãe, seu marido, seu chefe — não significa necessariamente que você é íntegro e fiel. Pode apenas evidenciar seu lado imaturo e sua pouca atenção em relação àquilo que deveria ser de grande importância para você; aquela "coisinha" a que pouco dá valor chamada "sua vida".

Às vezes você sabe muito bem como ser do contra e virar o jogo. Em geral faz isso quando encarna o papel da vítima injuriada. Então deseja romper bruscamente com as tradições, abrindo mão das responsabilidades, chutando pro alto os compromissos. Talvez isso lhe traga uma momentânea sensação de liberdade... Mas esse rompimento, aos poucos, vai corroendo seu íntimo. De repente vem à tona uma pontinha de remorso e a incômoda sensação do não-cumprimento do dever. Surgem os "dramas de consciência" e o ataque de *"mea culpa"* é praticamente inevitável; depois da explosão de liberdade, se vê juntando os cacos pela casa e cai num estado depressivo muito pior do que o sentimento de opressão inicial.

Se você sente necessidade de romper com algo, que seja pra valer, num processo revolucionário de transformação. Tomar atitudes impensadas e voltar atrás, cheio de culpa e arrependimento, com a incômoda sensação de que traiu a si próprio em algum momento, não vai fazer a sua felicidade. Podemos aprender e crescer muito com essa atitude desagradável que é a traição. Se é que ela vale a pena, valeria apenas pelo rico aprendizado que dela poderíamos extrair.

Encarar com maturidade uma traição, avaliar seus efeitos e suas causas pode promover mudanças úteis de pensamentos e atitudes em sua vida. Não basta copiar o erro do outro, pagando na mesma moeda, mas enxergar esse desacerto e buscar o melhor caminho para remediar a situação ou exterminá-la de vez. Em alguns casos, a melhor solução, a exemplo de Jesus, pode ser perdoar o Judas traidor que não nos deu o devido valor e não soube usufruir de nossa companhia, dedicação e amizade. Noutros, talvez um rompimento seja inevitável para que possamos nos enxergar por inteiro, fortalecendo e aprimorando as qualidades desprezadas por quem tentou esconder atrás de sorrisos e modos gentis sua falsidade e desamor.

Ante uma traição você pode sofrer, "morrer por dentro", tornar-se vulnerável; ou ser agressivo, revoltando-se bem ao estilo dramalhão mexicano. Pode fingir que nada aconteceu e se apoiar na velha desculpa do "eu sempre soube que isso iria acontecer..." Ou escolher o cinismo e se fechar para a vida e para os sentimentos. Mas pode também pôr um ponto final na falsidade e sentir-se aliviado porque o outro, inadvertidamente, mostrou sua verdadeira cara. Ou descobrir que errou em algum ponto da caminhada e corrigir seu erro, recomeçando com base num relacionamento franco e maduro.As opções são muitas. Nada se compara, porém, à oportunidade maravilhosa de exercitar o perdão. Aproveite! Perdoe, perdoe-se. Libere, deixe ir essa dor profunda e terrível. Só assim você poderá renascer e ser feliz.

A Doença Suprema da Traição

(extraído do livro "A Busca do Ser Amado", de Jean Houston)

"A doença suprema da traição é a paranóia. Todas as ações e os negócios humanos são vistos sob a rubrica da traição como a constante para tudo e por todo o tempo. Esta é, com certeza, a doença mais perigosa no mundo de hoje, pois a prática ativa da paranóia entre as nações poderosas pode levar a uma combinação de vinganças, negações, cinismos e autotraições que incluem, em última análise, a traição da própria vida planetária. Paranóia é mais uma opção com que se pode conviver."[4]

O Inimigo Invisível

Conheci muita gente valente, mas poucos como seu Arnaldo. Amigo e colega de meu pai, ambos pertencem à velha geração dos policiais que honram a camisa que vestem, criaturas da extinta Polícia Especial. Homens que viveram os tempos difícieis da ditadura de Vargas no policiamento de choque; mais tarde, com a extinção da P.E., abraçaram a Polícia Civil e combateram o crime, o terrorismo, o roubo especializado.

Juntos participaram de caçadas e cercos, presenciaram exumação de cadáveres, suicídios, tiroteios. E sempre sacaram suas armas somente no estrito cumprimento do dever, embora não levassem desaforo pra casa se algum desequilibrado inconveniente se metesse a valentão...

Cresci admirando esses homens; quando se reuniam nas manhãs de domingo em nossa casa, apreciando uma caipirinha ou uma cerveja gelada, pareciam uns meninos; exibiam seu lado mais terno, ali eram apenas pais, maridos, amigos.

Contavam casos uns dos outros de maneira anedótica, e os risos ecoavam pelo terraço, uma risada cristalina que faz eco somente à consciência tranqüila. Eles eram meus modelos de honradez e valentia; metidos em suas camisas coloridas e bermudas desleixadas, pareciam saber tudo da vida.

Fiquei chocada quando meu pai comentou que seu Arnaldo "estava ficando velho". De uns tempos para cá, ele me disse, o policial aposentado adotara uma postura tímida perante a vida. Solitário, encerrado num pequeno apartamento, pouco saía de casa, resmungava de tudo, observava apenas o lado ruim das coisas. A corrupção da polícia. Os justiceiros que denigrem a classe com seus assassinatos impunes. As quadrilhas formadas dentro da própria corporação. Vergonha, asco, tristeza. E, acima de tudo, medo, muito medo.

Se os vizinhos viajavam, seu Arnaldo se hospedava num hotel, apenas para sentir a presença de pessoas por perto, "afinal, ninguém está livre de ter um ataque cardíaco no meio da noite". O pai amoroso deu lugar a um avô casmurro e resmungão, afastando-se por conta própria do convívio familiar, achando, ele próprio, que "velho é muito chato".

Os cuidados ao sair de casa eram sempre redobrados, como quem padece de um permanente mau pressentimento. O olhar embaçado e desconfiado nem de longe nos fazia lembrar do homem vigoroso e brincalhão de outrora.

Talvez parecesse normal que um velho policial temesse antigos desafetos. Mas, o que o impressionava não era a possibilidade de um assalto, uma atitude cruel ou vingança terrível por parte de um bandido de tempos idos (a maioria tão ou mais septuagenário quanto ele próprio). Seu Arnaldo tinha medo das pessoas comuns, das "coisas terríveis" que estavam por vir. Eram fantasmas e alucinações criados nos recônditos de sua mente, que fariam suspeitar de um traço de insanidade "socialmente aceitável" para as pessoas de idade avançada.

Ele temia um golpe de Estado que lhe cassasse os bens e a aposentadoria, deixando-o na mais negra miséria; um terremoto que levasse pelos ares o edifício onde morava e toda a vizinhança. Tinha medo de contrair um vírus letal, como no filme *Epidemia*. De que seus filhos mudassem de vez para Miami (embora só tivessem viajado para lá duas vezes, a passeio). Medo da morte "que chega sem avisar", ele dizia. Na verdade, o grande terror de seu Arnaldo era um só: seu Arnaldo sofria de medo da vida.

Uma vez instalada uma neurose, é difícil removê-la, dizem os especialistas."O neurótico tem tanto medo de viver quanto de morrer"[1], afirma o terapeuta corporal Alexander Lowen. Medos e fobias sem qualquer fundamento racional se instalam repentinamente e tomam conta do ser humano, tornando sua vida um inferno. Medo de barata. De intoxicação. Do sexo oposto. Do sucesso. De ser feliz. Medo de sentir medo.

"Desde que Adão e Eva foram expulsos do paraíso (...) e tiveram de se arranjar no mundo material, o temor e a insegurança aumentaram. O medo tem mil faces. Ele é um tributo que os homens têm de pagar pelo fato de concederem direitos totais de vida apenas à parte intelectual de sua consciência"[2], afirma o psicólogo alemão Erhard Freitag. Os que acreditam somente na lógica, em geral buscam uma explicação para a vida na matéria. É impossível encontrar todas as respostas nas coisas materiais. Quando o homem crê verdadeiramente que pode contar com alguma Força Superior dentro de si, além da sua própria energia física, só então ele é capaz de sentir-se um gigante destemido.

A perda de contato com o si-mesmo alimenta pensamentos negativos e gera medos imaginários, que vão tomando forma à medida que o tempo passa. A mente poderosa cria mecanismos no plano material, fazendo com que nos tornemos ímãs suficientemente fortes para atrair para nossas vidas aquilo que tememos. A força e o poder do medo são criados a partir da perda de nossa própria força e poder. Nós criamos esses monstros na nossa imaginação e lhes damos "vida real".

Seu Arnaldo sempre acreditou em "coisas concretas": a justiça, a lei, a força e o poder dos homens. Estava escrito. Jamais cogitou da contraparte divina. De repente, aqueles paradigmas caíram por terra, pois a corrupção varreu o que de bom havia nos alicerces de suas crenças. Seguindo a lógica característica de todo bom policial, restava-lhe apenas o caos em sua vida.

Tudo ruíra por água abaixo. A desordem, o descontrole, o desequilíbrio, a ignorância de tudo quanto existe de novo para ser absorvido e transmutado, gerou o incomensurável medo nessa criatura grandiosa que, por anos a fio, foi um dos meus exemplos de coragem e ousadia.

"Aquilo do que tens medo é uma clara indicação do que tens a fazer". "O que estás tentando evitar não desaparecerá até que o enfrentes". Eis aí duas frases de efeito, cuja autoria desconheço, que encerram uma grande verdade. De nada adianta fugir, se esconder. Negar o medo não é suficiente nem eficaz para combatê-lo.

É sabido — e isso foi "codificado" pela Programação Neurolingüística (PNL) — que uma negação produz antes o estado indesejado para somente depois negá-lo. Explico melhor: seu eu disser que "não pense agora numa maçã vermelha", sua mente primeiro fará contato com a maçã para depois "negá-la", suprimindo-a da sua imaginação.

"Quero não", à maneira nordestina; assim é que a mente processa qualquer informação. Por isso, ao tentar escamotear um medo impresso em seus circuitos neurológicos, você estará apenas reforçando e revivendo esse desagradável estado de tensão .

Outro avanço recente acerca do mecanismo do medo foi desvendado por Tad James num segmento da PNL denominado Terapia da Linha do Tempo. James apregoa que, em algum momento da sua vida, você "aprendeu" a sentir medo.

Você era apenas uma criaturinha pura (ou projeto de criaturinha, já que a TLT aceita a hipótese de que uma emoção qualquer possa ser "aprendida" numa vida passada, no período intra-uterino ou mesmo ser transmitido de geração a geração), totalmente indiferente às sensações de insegurança. Num dado momento, algo "terrível" lhe aconteceu.

Quem sabe sua mãe tropeçou e você quase caiu do seu colo; ou a chupeta escapou de sua boca quando não havia ninguém por perto para devolver seu "amuleto de segurança"; ou você ouviu, pela primeira vez, em seu berço solitário, um trovão aterrorizante e todas as luzes se apagaram em seguida. Pronto, eis alguns exemplos de como pode ter sido "instalado" em seu corpo o "circuito neurológico" do medo. Depois disso, toda vez que você se deparar com uma situação ameaçadora, esse "circuito" será percorrido, reproduzindo em seu corpo a terrível sensação.

Nossos medos, reais ou imaginários, (estes últimos relativos a situações nunca antes vividas por nós, mas supostamente aprendidas através do relato convincente de um interlocutor que tenha passado "de verdade" por uma experiência horripilante) ficam guardados em nossa mente inconsciente e voltam à tona quando menos se espera, toda vez que uma "âncora de medo" é disparada.

Alguém contando o asco que sente por baratas ou o pavor de ser tocado por uma taturana; um filme com cenas enauseantes, com seres em decomposição; os telejornais sensacionalistas que registram ao vivo de estupros a suicídios; a história terrível que sua avó contava sobre um menino mordido por cachorro louco, que se retorcia no chão e babava, tendo de ser morto a pauladas, feito um cão danado; tudo isso serve como mecanismo disparador para que nosso corpo e nossa mente sintonizem-se imediatamente com a desagradável sensação de medo.

Na maioria das vezes, a probabilidade natural de que tais desgraças aconteçam em sua vida é tão remota quanto a de ganhar sozinho na loteria; mas, vamos dando forma e depositando energia nesses monstros mentais, podendo, um dia, torná-los reais.

Quase sempre é na infância que os mais diversos temores se fixam em nosso inconsciente. Regimes opressores fomentam o medo e se beneficiam com isso; instituições como o Estado, a Igreja, a Escola, a Família muitas vezes se impõem através de condutas repressivas.

Muitos talentos são castrados pela iniciativa inocente dos pais ao tentar proteger seus filhos com a velha máxima: "não pode, é perigoso". Enchem-nos de medo, criando de personagens malévolos como o Bicho-Papão, a Cuca, que nos castigarão caso façamos isto ou aquilo. Também apelam para os castigos do Papai-do-Céu, criando em nós temor e culpa.

Quando eu era menina, bonequinha de vestidos rodados e saiotes engomados, não me era permitido tentar qualquer tipo de molecagem. Nada de subir no portão; pular corda era perigoso; correr em desabalada carreira, nem pensar. Minhas defesas assim programadas reforçaram meu lado intelectual, para que eu aprendesse através das experiências dos outros, reprimindo principalmente minhas atividades físicas e observando insucessos (Paulinho caiu e quebrou os dentes, Heleninha machucou a perna, Dedé abriu um corte na cabeça...).

Felizmente, sou hábil com as palavras e delas fiz meu arsenal para superar meus medos, o que não acontece com todo mundo; em compensação, aprendi a nadar somente aos 30 anos e só entro na piscina pela escadinha; até hoje corto os dedos ao descascar cebola, faço voar o saca-rolhas sempre que me vejo às voltas com uma garrafa. Programas inadequados, resultados inadequados. Com um pouco de tempo e muito empenho, hei de reprogramar tudo isso...

O medo gera tensão, impede nossa criatividade e reduz nosso poder de decisão. O medroso está sempre na encruzilhada, indeciso sobre qual o melhor caminho a tomar. E ali permanece, imóvel e aparvalhado, enquanto o tempo passa... Imobilizado pelo medo. Paralisado e borrado de medo.

Duas áreas do nosso corpo são especialmente afetadas pelo medo. Há quem o somatize na região da nuca, neutralizando emoções e impedindo que as informações cheguem com clareza ao cérebro, processador das mensagens conscientes, arquivo do inconsciente. Tudo fica retido nos ombros e pescoço, numa ineficiente tentativa de segurar essa emoção, como se fosse possível. No meu caso, é mal de família somatizar o medo no plexo solar. Prisão de ventre ou desinteria das brabas é o primeiro sinalizador de que alguém da família Azevedo está sendo acometido por algum temor incontrolável. O fígado desanda a compensar, liberando bílis para ajudar no processo alquímico da digestão.

Mas, se nada há para ser digerido, se não nos permitimos alimentar o organismo com novas ou já conhecidas informações, todo o processo é alterado, criando acidez ou convulsões que sacodem o corpo e liberam a tensão através dos impulsos incontroláveis que provocam o vômito. Ou, com estômago carregado, liberamos rapidinho seu conteúdo, sem permitir que os nutrientes sejam absorvidos, separando apenas a parte descartável ou indesejável.

Uma doença ou sintoma limitante é sempre útil ao medroso. Serve como escudo para que nenhuma atitude precise ser tomada. Comumente ouvimos desculpas como: "Gostaria de fazer isso, mas não posso" em vez de "Queria muito fazer isto, mas tenho medo..." O medo é um sentimento que exerce sobre nós grande controle e limita nossas atitudes, estreitando, por conseguinte, nossa criatividade.

A ousadia é característica dos líderes, não cabem aos tímidos as primeiras fileiras do front. Os medrosos querem se diluir na massa amorfa, não sabem ocupar o papel que lhes é destinado nesta grande representação cósmica, mesmo que seja apenas uma fala de coadjuvante.

Os figurantes também ajudam a tornar grandioso o espetáculo; alguns não compreendem a importância da pequena atuação de seu personagem e se recusam simplesmente a marcar presença no palco da vida, preferindo sempre os bastidores.

O medo gera dependência ("não vou lá sozinho"...), necessidade de aprovação e respeito exagerado pelo sucesso dos outros. Sim, pois para o medroso o sucesso é perigoso, suscita inveja, ciúme, desarmonia. Se, por acaso (por depotismo, por exemplo), o covarde atinge o sucesso, fica flutuando como um balão de gás enquanto está no topo, sem sentir qualquer base em que possa alicerçar seu talento.

Sempre temerá que lhe venham "puxar o tapete" e fazê-lo "rolar ladeira abaixo", já que para baixo é a única direção possível de quem atingiu o ápice da vida, que se move através de fluxos circulares ("Assim como em cima, também embaixo", diz a máxima hermética). "Para baixo é a direção de descarga da excitação e da obtenção do alívio"[3], afirma Lowen. Na roda viva do sucesso, há quem opte por trilhar o caminho "para baixo" através do sexo, como instrumento de simples alívio e não de prazer.

Tudo o que possa fugir do controle da razão é "perigoso" para quem alimenta o medo dentro de si. Por isso, são comuns os temores em relação ao sexo e à morte. O prazer intempestivo do sexo amedronta os que ainda não aprenderam a se doar nessa que é, sem dúvida, uma relação de troca. Os que querem apenas receber, temem perder algo por ocasião do descontrole gerado pelo gozo; fazem sexo por fazer e não vivenciam o estado de ser nesse momento mágico; nas palavras de Lowen, vêem o sexo "como produção e não como criação". A entrega verdadeira e total, a "pequena morte", como é descrito o orgasmo no idioma francês, é temida e evitada.

E a grande morte, a grande passagem desta para — estimamos — uma melhor, confunde a todos com seu mistério, causando mais medo. Única certeza na vida, para aqueles a quem representa o fim de tudo, é apavorante e desesperadora.

É o mergulho de cabeça, tronco, membros, mente, alma e tudo o mais que possamos ser no vazio do desconhecido, com a mais plena e total confiança, uma vez que decidimos que nada mais há a fazer ou a aprender neste plano. É o abraço terminal da vida nos levando para o invisível e inimaginável lugar onde nada nos resta, senão confiar e nos deixar ir... Não há resistência possível, nenhuma idéia em que possamos nos agarrar. É o soltar-se totalmente, desapegando-nos inclusive da âncora, a um tempo segura e paralisante, do medo...

Percebo melhor agora os temores de seu Arnaldo; sua roda da vida está na descendente e ele teme chegar ao fundo do poço. Evita qualquer movimento para manter, o maior tempo possível, o equilíbrio da roda... Um único passo e tudo pode desabar... Se ele tiver a coragem de mergulhar bem dentro de si, ainda há tempo suficiente para viver sem medo.

O prazer, a saúde, a alegria não têm relação com a idade nem se baseiam no passado ou nas escolhas inadequadas do passado. Decisões existem para ser mudadas. É possível, sempre, optar pela vida e pela vontade de viver, ousar, confiar na sabedoria da vida, contactar a força interior há muito adormecida... Se assim o fizer, seu Arnaldo tem ainda todo o tempo do mundo para ser feliz...

Enfrentando o Medo

1 - Visualize a situação/objeto do medo em ação.
2 - Congele a cena, transformando-a numa pequena foto ou slide em preto e branco.
3 - Tire o som e o movimento.
4 - Ajuste o foco, deixe a imagem levemente embaçada.
5 - Afaste-se da imagem o máximo possível.
6 - Desfrute da sensação de confiança.

Notas

Vivendo no Futuro

1 - Ozetti, Ná & Tatit, Luiz. *Tempo Escondido,* faixa do CD *Ná,* WEA.
2 - Tulku, Tarthang. *O Caminho da Habilidade,* Pensamento.
3 - Idem.
4 - Citado por Pearsall, Paul. *A Arte de Fazer Milagres,* Pensamento.
5 - Tulku, Tarthang. *O Caminho da Habilidade,* Pensamento.
6 - Médium brasileiro, (1949-), conhecido internacionalmente por seus trabalhos de pintura mediúnica. Atualmente ministra cursos na área de Metafísica.
7 - Sater, Almir & Teixeira, Renato. *Tocando em Frente,* faixa do Cd *Almir Sater ao Vivo,* Columbia.

O Desafio do Perdão

1 - Casarjian, Robin. *O Livro do Perdão,* Rocco.
2 - Idem.

Você Decide

1 - Coelho, Paulo. *Maktub,* Rocco.

O Gosto Amargo da Vingança

1 - Calcanhoto, Adriana. *Mentiras,* faixa do CD *Senhas,* Columbia.

2- Médium brasileiro (1955-) conhecido por seu trabalho voltado a curas espirituais.
3 - Gyatso, Tenzin. *Bondade, Amor e Compaixão,* Pensamento.
4 - Rodrigues, Lupicínio. *Vingança,* faixa do CD *Romântico Demais* (Intérprete: Jamelão), Continental.
5 - Goldkorn, Roberto B. O. *O Poder da Vingança,* Nova Fronteira.

Reciclando Sentimentos

1 - Ator brasileiro que ganhou destaque na TV no papel de jurado excêntrico do programa Silvio Santos.
2 - Primeira-dama filipina famosa por sua coleção de sapatos.
3 - Citado por Luján, Roger Patrón. *Um Presente Especial,* Aquariana.
4 - Tulku, Tarthang. *Gestos de Equilíbrio,* Pensamento.
5 - Idem.
6 - Idem.
7 - Dyer, Wayne W. *Crer para Ver,* Record.
8 - Idem.
9 - Ponder, Catherine. *Leis Dinâmicas da Prosperidade,* Ibrasa.
10- Hay, Louise. *Você Pode Curar Sua Vida,* Best Seller.
11 - Idem.

A Armadilha da Crítica

1 - Elliot, Miriam & Meltsner, Susan. *Perfeccionistas - Como Aprender a Conviver com as Imperfeições do Mundo Real,* Saraiva.
2 - James, Jennifer. *Críticas: Como se Defender de Ataques Inoportunos,* Saraiva.

Aprendendo a Só Ser

1 - Esta eu só lembro de cabeça, não consegui encontrar a referência...
2 - Regina, Dulce. *Alma Gêmea - O Encontro e a Busca,* Edição da Autora.

Orgulhosamente "Eu"

1 - Tulku, Tarthang. *O Caminho da Habilidade,* Pensamento

A Tristeza Sem Fim

1 - Luján, Roger Patrón. *Um Presente Especial,* Aquariana.

Desejo de Esganar I

1 - Maslim, Bonnie. *Até que a Raiva nos Separe,* Ática.
2 - Viscott, David. *A Linguagem dos Sentimentos,* Summus.
3 - Dyer, Wayne W. *Seus Pontos Fracos,* Record.

Ai, Como Dói!

1 - Dyer, Wayne W. *Seus Pontos Fracos,* Record.
2 - Idem.

O Ego Sem Dono

1 - Jr, Swamy & Freire, Paulo. *Bom-Dia,* faixa do CD *Valsa Brasileira* (Intérprete: Zizi Possi), Velas.
2 - Roger. *Eu me Amo,* faixa do CD Ultraje a Rigor,WEA
3 - Lowen, Alexander. *Medo da Vida.* Summus.
4 - Tulku, Tarthang. *O Caminho da Habilidade,* Pensamento.

Carente Profissional

1 - Citação do poema *"E Agora, José?",* de Carlos Drummond de Andrade.
2 - Cazuza & Frejat. *Malandragem,* faixa do CD *Cássia Eller* (Intérprete: Cássia Eller), Polygram.
3 - Tulku, Tarthang. *Gestos de Equilíbrio,* Pensamento.
4 - Anthony, Robert.*Além do Pensamento Positivo,* Best Seller.
5 - Idem.

Síndrome de João-Teimoso

1 - Flach, Frederic. *Resiliência: A Arte de Ser Flexível,* Saraiva.
2 - *Um Curso em Milagres,* Foundation for Inner Peace.
3 - Hay, Louise. *Você Pode Curar Sua Vida,* Best Seller.

Ai, que Preguiiiiiiça!

1 - Hollanda, Chico Buarque de. *Cotidiano,* faixa do LP *Chico e Caetano Juntos e ao Vivo* (Intérpretes: Chico Buarque e Caetano Veloso), Phillips.

2 - Vandré, Geraldo. *Pra Não Dizer que Não Falei das Flores*, faixa do LP *Simone ao Vivo* (Intérprete: Simone), EMI - Odeon

É Meu, É Meu, É Meu...

1 - Djavan. *Esquinas*, faixa do CD *Só Tetê* (Íntérprete: Tetê Espíndolla), Camerati.
2 - Tulku, Tarthang,. *Gestos de Equilíbrio*, Pensamento.

Vítima, Nunca Mais!

1 - Dyer, Wayne W. *Não se Deixe Manipular pelos Outros*, Record.

Trair e Coçar...

1 - Guilhermino, Clô. *É Tempo de Mudança*, Gaia.
2 - Houston, Jean. *A Busca do Ser Amado*, Cultrix.
3 - Dyer, Wayne W. *Seus Pontos Fracos*, Record.
4 - Houston, Jean. *A Busca do Ser Amado*, Cultrix.

O Inimigo Invisível

1 - Lowen, Alexander. *Medo da Vida*, Summus.
2 - Freitag, Erhard F. *O Subconsciente,Fonte de Energia*, Pensamento.
3 - Lowen, Alexander. *Medo da Vida*, Summus.

Bibliografia Básica

Andreas, Steve & Andreas, Connirae. *A Essência da Mente,* Summus.

Andreas, Steve & Andreas, Connirae. *Transformando-se,* Summus.

Anthony, Robert. *Além do Pensamento Positivo,* Best Seller.

Anthony, Robert. *As Chaves da Autoconfiança,* Best Seller.

Bandler, Richard. *Usando Sua Mente,* Summus.

Bandler, Richard & Grinder, John. *Atravessando,* Summus.

Bandler, Richard & Grinder, John. *Resignificando,* Summus.

Bandler, Richard & Grinder, John. *Sapos em Príncipes,* Summus.

Casarjian, Robin. *O Livro do Perdão,* Rocco.

Coelho, Paulo. *Maktub,* Rocco.

Dethlefsen, Thorwald & Dahlke, Rüdiger. *A Doença Como Caminho,* Cultrix.

Dilts, Robert. *Crenças — Caminhos Para a Saúde e o Bem-Estar,* Summus.

Dychtwald, Ken. *Corpomente,* Summus.

Dyer, Wayne W. *O Céu É o Limite,* Record.
Dyer, Wayne W. *Crer Para Ver,* Record.
Dyer, Wayne W. *Não se Deixe Manipular Pelos Outros,* Record.
Dyer, Wayne W. *Seus Pontos Fracos,* Record.
Elliot, Miriam & Meltsner, Susan. *Perfeccionistas — Como Aprender a Conviver com as Imperfeições do Mundo Real,* Saraiva.
Freitag, Erhard F. *A Ajuda Através do Inconsciente,* Pensamento.
Freitag, Erhard F. *O Subsconsciente, Fonte de Energia,* Pensamento.
Freitag, Erhard F. & Zacharias, Carma. *Descubra Sua Força Espiritual,* Record/Nova Era.
Freitag, Erhard F. & Zacharias, Carma. *A Força do Seu Pensamento,* Record/Nova Era.
Goldkorn, Roberto B. O. *O Poder da Vingança,* Nova Fronteira.
Guilhermino, Clô. *É Tempo de Mudança,* Gaia.
Gyatso, Tenzin. *Bondade, Amor e Compaixão,* Pensamento.
Hay, Louise L. *Ame-se e Cure Sua Vida,* Best Seller.
Hay, Louise L. *O Poder Dentro de Você,* Best Seller.
Hay, Louise L. *Você pode Curar Sua Vida,* Best Seller.
Houston, Jean. *A Busca do Ser Amado,* Cultrix.
James, Tad. *Criando Seu Futuro com Sucesso,* Eko.
James, Tad & Woodsmall, Wyatt. *A Terapia da Linha do Tempo,* Eko.
James, Jennifer. *Críticas — Como se Defender dos Comentários Inoportunos,* Saraiva
Lowen, Alexander. *Medo da Vida,* Summus.
Luján, Roger Patrón. *Um Presente Especial,* Aquariana.
Maslin, Bonnie. *Até que a Raiva nos Separe,* Ática.

Matthews-Simonton, Stephanie. *A Família e a Cura,* Summus.
Moine, Donald J. & Herd, John H. *Modernas Técnicas de Persuasão,* Summus.
Motoyama, Hiroshi. *Teoria dos Chacras,* Pensamento.
Murphy, Joseph, *O Milagre da Dinâmica da Mente,* Record.
Murphy, Joseph, *O Poder do Subconsciente,* Record.
Murphy, Joseph, *Sua Força Interior,* Record.
O'Connor, Joseph & Seymour, John. *Introdução à Programação Neurolingüística,* Summus.
Pearsall, Paul. *A Arte de Fazer Milagres,* Pensamento.
Ponder, Catherine. *Leis Dinâmicas da Prosperidade,* Ibrasa.
Prado, Lourenço. *Alegria e Triunfo,* Pensamento.
Saint- Exupéry, Antoine de. *O Pequeno Príncipe,* Agir.
Shattock, E. H. *Pense Positivo,* Cultrix.
Siegel, Bernie S. *Amor, Medicina e Milagres,* Best Seller.
Siegel, Bernie. *Paz, Amor e Cura,* Summus.
Simonton, Carl O., Matthews-Simonton, Stephanie & Creighton, James I. *Com a Vida de Novo,* Summus.
Tulku, Tarthang, *O Caminho da Habilidade,* Cultrix.
Tulku, Tarthang. *Gestos de Equilíbrio,* Pensamento.
Tulku, Tarthang. *A Mente Oculta da Liberdade,* Pensamento.
Viscott, David. *A Linguagem dos Sentimentos,* Summus.
______ , *Um Curso em Milagres,* Foundation For Inner Peace.

Outros Títulos de Seu Interesse:

Anjos de Deus, de Anna Clara Alves, Marina Elena Costa e Regina Maria Azevedo.

Um manual diferente que situa os Anjos no contexto histórico, apresenta as hierarquias angélicas e os mecanismos de nossa mente para atraí-los, explicando sua verdadeira natureza.

Série "Vivendo e Aprendendo a Jogar"

Volume I - Cartomancia, a Adivinhação Pelas Cartas, de Regina Maria Azevedo e Eduardo Araia

Volume II - Numerologia Fácil, de Regina Maria Azevedo

Série "Pequeno Livro Alemdalenda"

Volume I - Do Amor

Volume II - Dos Anjos

Volume III - Da Sorte

Volume IV - Das Virtudes

De Heloísa Galves e Regina Maria Azevedo.

Graciosos livros de bolso em forma de oráculo, com aconselhamentos sobre os temas acima, baseados em princípios de Programação Neurolingüística, sincronicidade junguiana e magia.

Série "Encantamentos de Govenka Morgan"

Volume I - Magia Amorosa

Volume II - Magia de Proteção

Volume III - Magia de Sorte e Prosperidade

Manuais com práticas de Wicca reunidas pela bruxa inglesa Govenka Morgan.

Série "Tradições Mágicas"

Volume I - Tradições Mágicas dos Ciganos

De Don Adamo Calderon.

Curiosidades do povo cigano e sua história, incluindo várias práticas adivinhatórias.

Conheça também **O Livro dos Duendes e Outros Seres Mágicos,** um clássico infantil de Heloísa Galves.

Redescobrindo o Prazer de Viver,

novo sucesso de Regina Maria Azevedo

Novas propostas para sua vida na Virada do Milênio

Um novo Milênio nos acena com infinitas possibilidades. A hecatombe do final dos tempos não se consumou, oferecendo-nos a oportunidade dc rcflctir sobre o futuro. Que Planeta construiremos e o que destruímos até agora?

Estaremos amadurecidos o suficiente para cuidar de nós mesmos, do próximo e dos recursos que a Mãe-Natureza nos oferece?

REDESCOBRINDO O PRAZER DE VIVER é um convite à reflexão sobre os feitos da humanidade e o muito que ainda há por se fazer. Enfocando a realidade cotidiana, destaca quatro temas básicos:

VOCÊ: Mudança/Energia/Tempo/Bondade/Fantasia/Vícios

FAMÍLIA: Nossos Pais/Nossos Filhos/Cumplicidade Conflitos/ Nossos Bichos/Privacidade

TRABALHO: Objetivos/Prosperidade/Desafios/Crise Capricho/Organização

CIDADANIA: Honestidade/Ecologia/Ética/Justiça Transgênicos/Globalização

Pedidos: telefax (0xx11) 6959-4823 • e-mail: reginama@uol.com.br

Também na rede de lojas Alemdalenda ou numa livraria perto de você.

PARMA
Impresso nas oficinas da
EDITORA PARMA LTDA.
Telefone: (011) 6412-7822
Av. Antonio Bardella, 280
Guarulhos - São Paulo - Brasil
Com filmes fornecidos pelo editor